Saval

Planet Schule

**Ingeborg Saval** ist seit über 25 Jahren Pädagogin und Psychotherapeutin mit eigener Praxis in Wien. Als Psychagogin und Supervisorin arbeitet sie in Schulen mit Kindern und Pädagogen. Ihr Schwerpunkt liegt in der systemischen Einzel-, Paar- und Familientherapie, vor allem unterstützt sie Eltern und Kinder, mit schwierigen Situationen umzugehen und diese zu meistern.

Ingeborg Saval

# Planet Schule

Gemeinsam und unbeschwert den Schulalltag meistern

TRIAS

# Liebe Leserin, lieber Leser!

Hurra, ich komme in die Schule! Die meisten Kinder freuen sich auf diesen neuen Lebensabschnitt. Wir Erwachsenen sehen dem Schulanfang dagegen meist mit eher gemischten Gefühlen entgegen: Wird unser Kind in der Schule gut zurechtkommen? Wird es Freunde finden? Wie klappt das mit dem Lernen? Hat es noch genug Zeit zum Spielen? Weniger gute Erfahrungen aus unserer eigenen Schulzeit und große Erwartungen, die an die Kinder heute gestellt werden, lassen uns oft nicht so optimistisch auf den Schulbeginn unserer Kinder blicken.

Für unsere Schulanfänger jedoch ist die Schule ein großes Abenteuer. Sie erforschen einen neuen Planeten, wo es viel Spannendes zu entdecken und Neues zu lernen gibt: Schreiben, Lesen, Rechnen, andere Kinder, Lehrer, neue Regeln, aber auch neue Freiheiten und Herausforderungen. Die Kinder werden ihre Stärken entdecken und merken, was sie besonders interessiert. Wenn Sie diese Stärken behutsam fördern, macht das Lernen mehr Spaß.

Natürlich werden auch Schwierigkeiten nicht ausbleiben, denn in jeder Klasse gibt es Kinder, die andere stören, nicht alle Klassenarbeiten fallen so gut aus, wie erhofft, nicht jeder kommt mit allen Lehrern gleich gut zurecht, und nicht alles am Schulsystem ist so, wie wir es uns wünschen. Klar, dass unsere Kinder auch nicht immer unsere Meinung teilen werden: Hausaufgaben sind oft lästig, Spielen wäre viel schöner, und über die Nutzung von digitalen Medien gibt es immer wieder Debatten.

Gut überlegt und mit den richtigen Strategien, die ich Ihnen in diesem Buch vorstelle, werden Sie gemeinsam mit Ihren Kindern diese Hürden meistern. Ihre Kinder werden daran wachsen und immer selbständiger werden. Und das ist es doch, was wir Eltern uns wünschen: dass unsere Kinder fit fürs Leben werden.

Viel Freude auf der spannenden Reise durch die Schulzeit wünscht Ihnen

Ingeborg Saval

# So entfaltet sich Ihr Kind

Wir Eltern geben Halt, trösten, fördern, erziehen und unterstützen unsere Kinder im Alltag und beim Lernen. Wir wünschen uns, dass sie sich gut entfalten.

# Wie entwickeln sich Potenziale optimal?

Unsere Kinder sollen gesund und glücklich sein, klug, erfolgreich und beliebt. Dazu lernfreudig und gut in der Schule, damit sie gute Zukunftschancen haben.

Die Ansprüche und Anforderungen an Eltern und Kinder in Bezug auf die richtige Erziehung und Bildung setzen uns Mütter und Väter heute enorm unter Druck.

Ein Kind braucht eine anregende Umgebung, die die Neugier fördert und zu Entdeckungsreisen einlädt. Experten reden von bestimmten Zeitfenstern für Lernprozesse, die sich schnell wieder schließen. Kein Talent soll übergangen werden, Sprachen, Sport und Kreativität wollen angeregt und gefördert werden. Das Thema Schule steht in Familien oft im Mittelpunkt. So geraten Erwachsene und Kinder zwischen musikalischer Frühförderung, Fremdsprachen-Unterricht, Kindertheater und Malkursen – und das natürlich alles neben der Schule – oft in Stress. Natürlich wird wie selbstverständlich erwartet, dass wir Eltern jederzeit liebevoll auf unseren Sprössling eingehen und immer ein tolles Vorbild sind. Und ganz nebenbei muss auch die finanzielle Basis stimmen, die das ganze Programm für unseren Nachwuchs erst möglich macht.

Von den Kindern wünschen wir uns, dass sie freudig auf alle Angebote reagieren und diese dankbar annehmen. Aber sie haben ihren eigenen Kopf und machen uns mitunter einen Strich durch die gut gemeinte Rechnung. Schule, Freizeit, individuelle Förderung und häufig auch die Berufstätigkeit der Eltern fordern Familien oft mehr ab, als sie leisten können. Wo also nun beginnen, um mit den Anforderungen, denen Eltern und Kinder sich heute gegenübersehen, besser umgehen zu können?

## Eine sichere emotionale Basis und echte Gefühle

So banal es klingt: Der erste Schritt ist, dass wir unsere Kinder so annehmen, wie sie sind, mit allen ihren Stärken und ihren individuellen Schwächen. Eine gute emotionale Bindung zwischen Eltern und ihrem Sprössling kommt vor der Bildung und ist die Basis dafür, dass Kinder Offenheit, Neugierde und Wissensdurst entwickeln, um später auch

spricht. Der Schuleintritt ist ein Meilenstein. Hier ist das Kind zum ersten Mal gefordert, sich alleine zu beweisen. Eltern können helfend da sein, ersparen können wir unseren Kindern diesen großen Schritt nicht.

Die Botschaft an das Kind sollte lauten:

**》 Du kannst immer mehr alleine schaffen. Aber ich bin sicher da, wenn du Hilfe brauchst.**

## Mut zu Echtheit und spürbaren Emotionen

Viele Eltern tun alles dafür, dass ihr Kind möglichst ohne Ärger, Schmerz und Kränkungen aufwächst. Sie versuchen ständig, freundlich und perfekt sein. Aber Erwachsene, die immer ausgeglichen sind, Kinder, die immer motiviert sind, und ein Familienleben, das immer harmonisch läuft, gibt es nur im Werbefernsehen. Menschen haben verschiedene Stimmungen, und Schwierigkeiten gehören zum Leben. Nur von und mit echten Menschen, die Gefühle zeigen, die Fehler machen und daraus lernen, bekommen Kinder die Kraft, selbst mit schulischen und privaten Rückschlägen oder schlechter Laune umzugehen. Ständig lächelnde Eltern und Lehrer, die ihre wahren Emotionen unterdrücken, verunsichern Kinder und verhindern eine emotionale Orientierung. Gefühle wie Zorn, Enttäuschung oder Trauer sind in Ordnung, solange wir Erwachsenen die Kinder nicht dafür verantwortlich machen. Auf der anderen Seite profitieren Kinder sehr, wenn Eltern keinen perfekten Nachwuchs erwarten. Denn Kinder wollen geliebt werden, wie sie sind, unabhängig von Leistung und Laune.

Der amerikanische Kinderpsychoanalytiker Donald W. Winnicot hat beruhigende Er-

in der Schule erfolgreich zu sein. Darin sind sich alle Experten einig.

Jedes Kind hat essentielle Grundbedürfnisse, ohne die es nicht leben kann. Nahrung, Schlaf, Luft zum Atmen, Körperpflege und Bewegung zählen selbstverständlich dazu. Aber auch die seelischen Bedürfnisse sind wichtig, damit es seine Potenziale entfalten kann.

Kinder brauchen Erwachsene, auf die sie zählen können. Diese emotionale Sicherheit entwickelt sich vom ersten Lebenstag an. Das sogenannte Urvertrauen entsteht durch die Gewissheit, dass Mama und Papa vor allem dann da sind, wenn das Kind sie braucht. Eine sichere Beziehung zu den Menschen, die seinen Alltag begleiten, und das Gefühl, wichtig und wertvoll zu sein, ermöglichen erst das Vertrauen in die eigenen Fähigkeiten. Dazu gehört auch, Kinder schrittweise loszulassen und ihnen zuzutrauen, dass sie die Verantwortung übernehmen können, die ihrem jeweiligen Alter ent-

kenntnisse: Er sagt, dass eine Mutter, dass Eltern nicht perfekt, sondern »gut genug« sein müssen. Sie müssen nicht alles richtig machen. Im Gegenteil: Der Kinderpsychologe warnt, dass eine zu perfekte, zu sehr am Nachwuchs orientierte Erziehung dem Kind zu wenig Raum lässt, um sich eigenständig zu bewähren und sich selbst kennenzulernen.

Die Botschaft an das Kind sollte lauten:

》 Wir alle haben unsere Ecken und Kanten. Auch wenn es manchmal turbulent zugeht, habe ich dich immer lieb. Deine Leistungen haben damit nichts zu tun.

## Neugier schützen und Selbstvertrauen fördern

Jedes Kind ist von Grund auf neugierig und wissbegierig. Ohne Neugier und Entdeckungsdrang wäre Lernen gar nicht möglich. Wenn Kinder dabei liebevoll unterstützt und angeregt werden, gelingt es ihnen leichter, sich Unbekanntem zuzuwenden. Die Erfahrungen, die sie dabei machen, sind wichtig zum Aufbau eines stabilen Selbstvertrauens. Effizientes Fördern ohne Druck und Zwang weckt die Freude an neuen Herausforderungen. Und dennoch brauchen Kinder uns Erwachsene, die Eltern besonders, damit sie sich Trost, Zuspruch und Nähe holen können, wenn sie bei ihren Abenteuern auf die Nase gefallen sind oder plötzlich Angst bekommen.

Neue Erfahrungen bringen umso weiter, je mehr sie zu den individuellen Eigenarten und Interessen passen. Je besser es gelingt, einem Kind die Förderung zu vermitteln, die seinen Potenzialen entgegenkommt, desto

größer ist die Wahrscheinlichkeit, dass es zu einem körperlich, seelisch und geistig gesunden Menschen heranwächst. Ein Kind, das besonders viel Freude an Sport hat, wird weniger Anregungen aus einem Malkurs mitnehmen als eines, das jede Minute nutzt, um zu zeichnen. Hier liegt die Verantwortung sowohl bei den Eltern als auch bei der Schule, die Begabungen und Talente zu erkennen und entsprechend zu fördern bzw. Rahmenbedingungen zu schaffen, unter denen sich das Kind bestmöglich entfalten kann.

》 »Die Erziehung streut keinen Samen in euch hinein, sondern lässt Samen in euch aufgehen.« – Khalil Gibran (1883–1931)

## Regeln einhalten und Individualität erlauben

Grundlegende gesellschaftliche Spielregeln erleichtern das Leben und sind die Basis jeder sozialen Gemeinschaft. Wenn Kinder manierlich essen oder höflich grüßen, entsteht das Gefühl, auch außerhalb der Familie willkommen zu sein. Kinder sollen Zähne putzen, Spielzeug wegräumen und ältere Menschen vorlassen. Und bis zu einem gewissen Grad sind diese Erwartungen auch berechtigt. Aber ist es wirklich notwendig, dass Jens mit seinem Vater täglich Schach spielt, obwohl ihn eigentlich die Autowerkstatt um die Ecke viel brennender interessiert? Muss Lisa gerne zeichnen, nur weil ihre Mutter begeistere Grafikerin ist? Freut sich Matteo wirklich über die Sprachreise nach Paris, obwohl er leidenschaftlicher Sportler ist?

Kinder sehnen sich danach, gesehen und gefördert zu werden, aber sie lehnen ganz automatisch zu hochgesteckte Erwartungen oder fremde Interessen ab. Stehen an erster Stelle die Ziele der Eltern, die Abarbeitung eines Lehrplans bzw. die Normen der Leistungs- und Wissensgesellschaft, dann lernen sie vor allem Anpassung und verlieren leicht ihre Individualität und Begeisterungsfähigkeit. Das kann die Entwicklung beeinträchtigen oder zu Verhaltensauffälligkeiten führen. Deshalb ist es wichtig, die eigene Erwartungshaltung an das Kind immer wieder zu überprüfen.

Die Botschaft an das Kind sollte lauten:

>> Lass mich wissen, was dich interessiert, was dich begeistert. Ich zeige dir, wie du mehr darüber erfahren kannst, auch wenn ich selbst nicht viel darüber weiß.

## Anerkennung und Wertschätzung

Damit Kinder erfolgreich lernen und Freude am Erfolg spüren, brauchen sie von der Umwelt Anerkennung. Sie sind von uns Erwachsenen abhängig und lieben ihre Eltern grundsätzlich und bedingungslos. Deshalb haben wir Macht über sie und können sie leicht er- oder entmutigen. Wir können Freude über Erfolge zeigen und zu weiteren Schritten ermutigen, oder wir können unser Augenmerk mehr auf die Fehler und Defizite richten. Wenn in der Beziehung zum Kind aber Kritik und Sorge dominieren, fällt es dem Kind sehr schwer, zu einem Selbstvertrauen zu gelangen, das für eine kontinuierliche Leistung wichtig ist. Wenn sich der natürliche Wissensdrang durch Verunsicherung zurückzieht, haben Ängstlichkeit oder Selbstzweifel freie Bahn.

### Ermutigung bei Rückschlägen

»Die Kunst, zu ermutigen, ist eine Form aufmerksamer Nächstenliebe«, lautet ein Grundsatz der chinesischen Erziehungslehre. Damit ist nicht gemeint, dass wir Kinder prinzipiell und für alles immer loben müssen. Ganz im Gegenteil. Wenn die Tochter zum Beispiel kein Problem mit Mathematik hat und uns jeden Tag korrekt gelöste Rechenaufgaben zeigt, genügt auch ein freundliches »in Ordnung«. Denn wenn wir Kinder ständig für jede Selbstverständlichkeit bejubeln, werden sie sich darüber nicht mehr freuen und kein realistisches Selbstbild entwickeln. Oder würden Sie sich nicht wundern, wenn Sie für jedes Butterbrot, das Sie streichen, von ihren Kindern einen Preis überreicht bekämen? Auch sachliche Kritik und konstruktives Feedback müssen sein. Aber wenn mal etwas schiefgeht oder das

Zeugnis nicht super gut ausfällt, dann ist es wichtig, dass wir unser Kind trotzdem ermutigen und zeigen, dass wir an es glauben. Die Botschaft an das Kind sollte lauten:

» Ich freue mich über das, was du schon alles kannst, und helfe dir gerne, Neues zu lernen, wenn du mich dabei brauchst. Fehler gehören dazu!

## Freiheit, Grenzen und Konsequenz

Alles Neue ist auf den ersten Blick verwirrend. Für Kinder, die schrittweise das Wissen um die Zusammenhänge erkunden, kommt es darauf an, genug Gewohnheiten und bekannte Strukturen im Alltag zu haben. Nur so können sie sich in ihrer Welt zurechtfinden und gleichzeitig Schritt für Schritt neugierig auf Neues zugehen. Beim Lernen ist es genauso: Erst wenn der erste Stoff beherrscht wird, kann das Kind den nächsten Schritt gehen, erst wenn das Einmaleins gut sitzt, kann es Dividieren lernen. In der realen Welt sind die vertraute Wohnung, der Spielplatz, die Pausenregeln in der Schule oder der Stundenplan solche Sicherheiten. Dann kann der Tagesablauf einem bekannten Muster folgen. Es ist zum Beispiel klar, dass jedes Kind nur im eigenen Heft schreibt. Das Eigentum des Sitznachbarn ist tabu. Durch Grenzen sind Handlungsräume überschaubar und Reaktionen aus der Umwelt werden berechenbar. Grenzen und Strukturen bieten nach außen hin Schutz und nach innen Geborgenheit, weil das Kind Halt und Verlässlichkeit erlebt. Fehlen klare Abmachungen, entstehen Chaos, Beliebigkeit und Unsicherheit. Das ständige Neuorientieren nimmt viel Energie, die das Kind anderswo nötig braucht.

Die Botschaft an das Kind sollte lauten:

» Ich helfe dir, dass du dich auskennst. Sinnvolle Grenzen erleichtern uns das Zusammensein, auch ich halte mich daran.

### Widerspruch fördern und Nein sagen erlauben

Zu viele und zu starre Regeln engen ein und machen unkreativ. Kinder wollen sich erproben, aus eigener Kraft täglich über sich hinauswachsen und ihren Spielraum vergrößern. Wenn ein Kind mit den Eltern über Regeln verhandelt, übt es dabei zu argumentieren, zu überzeugen und sich durchzusetzen. Argumente finden fördert die Denkfähigkeit, das Aushandeln von Kompromissen fördert die soziale Kompetenz.

Um das Kind vor zu viel Verantwortung oder Gefahren zu schützen, ist mitunter aber auch ein klares Nein notwendig. Zur Identitätsentwicklung müssen Kinder auch selbst klar und verlässlich Neinsagen lernen, wenn sie etwas nicht möchten. Jedes Kind sollte Omas Lieblingskuchen ablehnen dürfen, auch wenn das peinlich ist. Es darf das Küsschen auf die Wange verweigern, auch wenn die Tante dann gekränkt ist. Und zum tollen Förderkurs in den Ferien darf es ebenfalls Nein sagen, wenn es absolut nicht will. Auch in der Schule muss es nicht alles hinnehmen: Wenn der Sitznachbar sich, ohne zu fragen, an seinen Buntstiften bedient, darf es klar und deutlich sagen: »Gib sie mir sofort wieder, das sind meine.« Freuen Sie sich, wenn Ihr Kind widerspricht. Scheuen Sie keine Auseinandersetzungen und Konflikte mit Ihrem Kind. Über Gefühle und Kränkungen reden, Freude zeigen und Grobheiten nicht hinnehmen kann ein Kind nur zu Hause lernen. In der Schule, in der

Klassengemeinschaft wird ihm das sehr helfen, seinen Platz zu finden.

Die Botschaft an das Kind sollte lauten:

>> Egal was passiert, bei mir bist du sicher, auch wenn wir nicht immer einer Meinung sind. Ich möchte, dass wir ehrlich zueinander sind, ich halte das aus.

## Stabile Gemeinschaften und eigene Welten

Mit zunehmendem Alter brauchen Kinder nicht nur eine zuverlässige Bezugsperson und einen familiären Halt, sondern auch andere Gemeinschaften. Nach der Kleinfamilie oder der Teilfamilie mit nur einem Elternteil erweitern zuerst Verwandte, Nachbarn, Freunde und Bekannte diesen Kreis. Spätestens in der Schule erfahren Kinder, dass es in einer Klassengemeinschaft familiäre und kulturelle Unterschiede gibt. Für eine Erziehung, die auf eine zunehmend globalisierte Welt vorbereiten soll, ist es elementar, dass Kinder verschiedene Lebensstile kennenlernen, Toleranz entwickeln und sich dennoch alle als zugehörig zu ein und derselben Gruppe empfinden.

Gleichaltrige Freunde sind wichtig. Sie erleichtern dem Kind die Orientierung in seiner Altersgruppe und fördern die Ablösung von der Familie. Eltern müssen ein sicherer Hafen bleiben, aber sich dennoch allmählich zurücknehmen und die Kinder nach und nach in mehr Eigenständigkeit und Freiheit entlassen. In der Gemeinschaft mit anderen Kindern ist das leichter. Nur in der eigenen Kinderwelt können Kinder ihre Fantasien und Zukunftsvisionen ausleben und mit anderen teilen.

Die Botschaft an das Kind sollte lauten:

>> Du kannst immer zu mir kommen. Aber ich respektiere auch deine Freunde und deinen Wunsch, manches nur mit ihnen zu erleben.

## Freude auf die Zukunft und Handeln in der Gegenwart

In unserer globalisierten Welt hängt das Wohl jedes einzelnen Menschen irgendwie mit dem Wohl aller anderen Lebewesen auf dieser Welt zusammen. Das klingt sehr philosophisch, aber Kinder verstehen diese Zusammenhänge sehr gut und interessieren sich häufig sehr für das große Ganze. Wir Erwachsenen gestalten die Rahmenbedingungen, in denen die nächste Generation aufwächst, und wir legen den Grundstein für weitere Generationen und deren Verständnis von der Welt, indem wir Dinge positiv vorleben und darüber sprechen. Wie so oft liegt die Wirkung auch hier im Detail und im Vorbild. Kinder nehmen Taten und scheinbare Kleinigkeiten sehr genau wahr: Wird der Müll getrennt oder nur darüber geredet? Hilft Mama dem Nachbarskind bei der Hausaufgabe, weil sein Vater im Krankenhaus liegt und seine Mutter nicht gut deutsch spricht? Interessiert sich Papa für Weiterbildung, belegt er Kurse, weil er gerne Neues lernt? Überlegen die Eltern beim Einkauf, woher das Gemüse kommt, oder verzichten sie bewusst auf billiges Fleisch, weil ihnen der Tierschutz ein Anliegen ist? Helfen die Eltern bei der Gestaltung des Schulfestes mit oder reden sie nachher nur darüber, was ihnen gefehlt hat? Kinder registrieren solche Kleinigkeiten genau. Ob sie diese Welt als beeinflussbares Ordnungsgefüge oder unheimliches Chaos erleben, ob sie lernen verantwortungs- und umweltbewusst zu handeln, hängt davon ab, was wir ihnen vorleben.

Die Botschaft an das Kind sollte lauten:

》》 **Wir können deine Zukunft mitgestalten. Auch du hast Verantwortung und bist wichtig.**

### Vertrauen und langsam loslassen

Kinder haben die Fähigkeit, sich gesellschaftlichem Wandel relativ rasch anzugleichen. Sie lernen spielend moderne Medien bedienen, sie haben Freunde aus unterschiedlichen Kulturen und sie müssen täglich mit Informationen aus der ganzen Welt zurechtkommen – viel mehr, als wir es in unserer Kindheit gewöhnt waren. Unsere Kinder werden mit den raschen Veränderungen, dem beschleunigtem Tempo und vielen verschiedenen Lebensabschnittsidentitäten gut zurechtkommen, denn sie sind ungemein lernfähig, wenn sie die nötige Hilfestellung erhalten. Liebe, Förderung und Verlässlichkeit sind genauso wichtig wie der Kontakt zu anderen und der Ausbau der eigenen Fähigkeiten und Stärken.

Der Schule kommt hier eine wichtige Funktion zu: Dort erleben sich Kinder im Vergleich mit anderen, sie werden beurteilt und müssen auch in jenen Fächern Leistung bringen, die nicht zu ihren Stärken zählen. Einerseits müssen Eltern Kinder unterstützen und fördern, andererseits haben sie noch eine Aufgabe zu bewältigen, sich selbst Schritt für Schritt überflüssig zu machen. In all den Schuljahren geht es immer wieder um Haltgeben und Loslassen. Das Kind will Vertrauen spüren, auch wenn es mal schlechte Zensuren hat. Dann braucht es sogar besonders viel Zutrauen. Glauben Sie an Ihr Kind und seine Fähigkeiten!

Wir können den Lebensweg und den schulischen Weg unseres Kindes begleiten, aber wir können ihn nicht für das Kind gehen. Früher oder später muss es seine eigene Richtung finden und alleine Hindernisse überwinden. Dass wir gute Eltern sind, merken wir daran, dass wir auch in schulischen Belangen immer weniger gebraucht werden. Wenn Kinder immer öfter eigene Entscheidungen treffen und diese umsetzen, sollten wir ihnen vertrauen, auch wenn wir selbst anders handeln würden und andere Wünsche und Erwartungen haben. Etappenweise loszulassen ist für Eltern nicht immer leicht und dennoch das Fundament für die Selbständigkeit und den Erfolg – auch den schulischen – der nächsten Generation. Denn wir Erwachsene sind nur Begleiter für eine beschränkte Zeit.

Die Botschaft an das Kind sollte lauten:

》》 **Ich habe Vertrauen in dich und all deine Fähigkeiten.**

## Optimale Begleitung durch die Schulzeit

Im Folgenden stelle ich Ihnen vier Bausteine vor, die es Ihnen erleichtern werden, Ihr Kind gut durch die Schulzeit zu begleiten.

Zuerst einmal ist es wichtig, dass Sie sich über Ihre Erwartungen Gedanken machen. Da spielen natürlich die Erfahrungen eine Rolle, die Sie selbst als Schulkind gemacht haben, aber auch die Erwartungen, die Sie und andere an Ihr Kind stellen. Sie müssen sich Gedanken machen, welche Schule die richtige für Ihr Kind ist: Es gibt Ganztagsschulen und welche, in denen kein Nachmittagsunterricht stattfindet, es gibt öffentliche und private Schulen. Welche Erwartungen haben Sie an die Schule Ihres Kindes? Und dann geht es los: Wie gestalten Sie den Übergang vom Kindergarten in die Schulzeit möglichst problemlos? Hilfen zu diesen Überlegungen finden Sie im 1. Baustein (Seite 19).

Das Leben mit Schulkindern kann ganz schön turbulent und manchmal auch anstrengend sein. Feste Regeln, die von allen eingehalten werden, geben Struktur im Alltag. Wichtig ist ein fester Platz zum Lernen, den Sie gemeinsam mit ihrem Kind aussuchen und gestalten. Ein echter Dauerbrenner bei vielen Familien sind die Hausaufgaben. Mit Einfühlungsvermögen und einigen Tipps und Tricks umschiffen Sie diese Klippe. Neben allem Lernen sind Pausen, Zeit für Hobbys, zum Entspannen und Faulenzen ganz wichtig, sonst stehen die Kinder unter Dauerstress. Misserfolge und Enttäuschungen gehören zum Leben dazu und machen auch vor unseren Kindern nicht halt. In solchen Situationen sind wir als Eltern besonders gefragt, denn wir kennen unsere Kinder am besten und können sie unterstützen und stärken. Ein zwischen Eltern und Kindern oft kontrovers diskutiertes Thema sind digitale Medien. Wie gehen wir damit um? Was und wie viel ist erlaubt und wo setzen wir Grenzen? Hinweise zu diesen wichtigen Themen finden Sie im 2. Baustein (Seite 39).

Sinn und Ziel der Schule ist das Lernen. Und darin sind unsere Kinder Weltmeister. Trotzdem ist es manchmal gar nicht so leicht, Kinder zum Lernen zu motivieren. Dafür ist es wichtig zu wissen, zu welchem Lerntyp sie gehören. Wie können wir ihnen helfen, ihre Aufmerksamkeit und ihre Konzentrationsfähigkeit zu verbessern? Welche Begabungen haben sie und wie können wir diese fördern? Denn eins ist klar: Jedes Kind ist einzigartig und kann irgendetwas besonders gut – wir müssen nur rausfinden, was das ist. Wie das alles gelingen kann, zeige ich Ihnen im 3. Baustein (Seite 85).

Ganz wichtig für das Zusammenleben von Menschen ist, dass sie miteinander reden. Das gilt für die Familie genauso wie für Freunde und Schulkameraden. Manche Kinder reden zu Hause eher wenig, andere können gar nicht aufhören mit dem Erzählen. Wie ermuntern wir unsere Kinder zum Gespräch? Was tun, wenn unser Kind nicht zuhört? Es ist auch nötig, dass wir mit den Lehrern unserer Kinder sprechen. Was können wir dabei beachten? Und wie reagieren wir als Eltern, wenn wir erfahren, dass unser Kind von anderen geärgert oder in eine Außenseiterrolle gedrängt wird? Was sollten wir tun, wenn unser Kind andere stört oder sogar mobbt? Viele hilfreiche Ideen dazu finden Sie im 4. Baustein (Seite 129).

All diese Überlegungen könnten den Eindruck erwecken, dass die Schulzeit eine schwierige und anstrengende Zeit ist. Aber ich kann Ihnen versichern: Das muss nicht so sein! Sie werden viele schöne Erlebnisse mit Ihrem Kind haben und oft stolz auf es sein, weil es so viel kann und immer selbstständiger wird. Genießen Sie diese Zeit!

# Baustein 1: Realistische Erwartungen

Was erwartet unser Kind in der Schule? Wie gehen wir mit den vielfältigen Erwartungen um? Information und gute Vorbereitung schützen vor Enttäuschungen.

# Die Schullaufbahn – von allen beobachtet

**Die Familie und die Umwelt zeigen heute meist viel mehr Interesse am schulischen Geschehen als früher. Was haben wir selbst erlebt? Und wie finden wir die richtige Schule für unser Kind?**

Schule ist ein gesellschaftliches und politisches Thema geworden, das in der breiten Öffentlichkeit diskutiert wird. Auch die Erwartungen an das Kind von Familie und Außenstehenden sind hoch. Alles, was das Kind gut kann, gibt auch den Eltern ein gutes Gefühl und macht sie stolz.

Das war natürlich schon immer so. Aber unsere Kinder haben heute im Schnitt sehr viel mehr schulische und außerschulische Einsatzfelder, auf denen messbare Leistung gefordert wird. Pisa- oder andere Bildungsstandard-Tests, Sportverein-Olympiaden, Sprachkurse in den Ferien, Computerführerschein oder Instrumentalunterricht am Nachmittag sind nur einige davon. Viele Familien bleiben heute viel enger und länger an den Kindern dran und wollen sie auch in der Schule mehr und besser unterstützen. Das Bewusstsein, sich in einem Wettbewerb behaupten zu müssen, greift tendenziell früher in den spielerischen Alltag ein. Auch wenn vieles spielerisch verpackt wird: Die meisten Kinder sind heute viel mehr unter ständiger Beobachtung als noch vor einigen Jahrzehnten. Vorsicht ist geboten, wenn ein Kind sich dabei im Mittelpunkt heftiger Diskussionen fühlt. Zum Beispiel geraten manche Familien in einen Ausnahmezustand, wenn es darum geht, ob der Sprössling den erwünschten Schulplatz oder die Empfehlung für das Gymnasium bekommt. Schützen Sie Ihr Kind vor zu starkem Druck und zu viel Beobachtung!

## Schule in Bewegung

Die Menschen sind zu Recht kritischer geworden und hinterfragen große Systeme mehr als früher. Das Schul- und Bildungssystem befindet sich in einer Zeit des Umbruchs, da muss Kritik erlaubt sein, denn sie ist nötig für eine kontinuierliche – wenn auch langsame – Verbesserung des Systems. Lehrpläne werden durchforstet, die Lehrerausbildung reformiert, Neues wird ausprobiert und manchmal wieder verworfen – man denke an die G8/G9-Diskussion. Und

## »Die Schule« gibt es nicht

Hier lohnt sich eine differenzierte Sichtweise, denn »die Schule« gibt es nicht! Es gibt aber Millionen Menschen, die in diesem System arbeiten, lernen, Schwierigkeiten bewältigen, Erfolge feiern, Kontakte knüpfen und tagtäglich viel (häufig positive!) Lebenszeit dort verbringen. Wenn Ihr Kind aufgeweckt ist, hört es genau, wie über Schule gesprochen und wie in den Medien, in der Familie und in der Öffentlichkeit über seinen »Arbeitsplatz« geredet wird. Und das hat einen großen Einfluss auf sein Erleben, seine Erwartungen und seine eigene Einstellung zur Schule. Achten Sie darauf, was Ihrem Kind an negativen Meinungen zugemutet wird, denn es hat nur diese eine Schulzeit, die es pessimistisch und schlecht gelaunt oder aber positiv gestimmt und zuversichtlich durchleben kann.

### Gedanken-Experiment für Eltern

Stellen Sie sich vor – oder vielleicht erleben Sie das trauriger Weise sogar: Sie gehen täglich an Ihren Arbeitsplatz und hören immer öfter private und öffentliche Kritik an Ihrer Firma. Angenommen, Ihre Arbeitsstelle wird von der Familie, von Bekannten und von den Medien ständig negativ bewertet. Angenommen, Sie schlagen die Zeitung auf und über ihre Firma lesen Sie tagtäglich schlimme Dinge. Dort werde nicht genug geleistet, was dort hergestellt wird, sei nicht zeitgemäß. Nachbarn, Freunde und Angehörige machen sich Sorgen um Sie und Ihre Arbeitsbedingungen. Angenommen, Sie sind bisher meist gerne zur Arbeit gegangen und haben Ihre Aufgaben dort auch ganz okay gefunden: Würden permanente schlechte Nachrichten und Meinungen daran etwas ändern? Und wenn ja, was würde sich für Sie verändern?

wie in allen großen Systemen geht Veränderung nicht von heute auf morgen und hinkt in vielen Bereichen hinter den zeitgemäßen Erfordernissen her.

Wir alle hören und lesen tagtäglich, dass die Schule heute die Kinder nicht genug motivieren kann, unzeitgemäß ist, dass unsere Schüler bei PISA versagen, dass in Skandinavien sowieso alles besser ist und dass Schulkindern generell zu wenig und das Falsche geboten wird. Natürlich gibt es auch schwarze Schafe unter den Pädagogen, so wie in anderen Berufsgruppen auch. Aber nicht jedes Problem lässt sich auf ein mangelhaftes Schulsystem zurückführen. Und darin zurechtfinden müssen sich unsere Kinder in jedem Fall. Auch sind unsere Kinder keine Roboter, zeitweise Durchhänger, Gefühls- und Leistungsschwankungen machen auch ihnen zu schaffen und sind – normal! Letztlich geht es darum, aus der Schulzeit unserer Kinder das Beste zu machen und sie jeden Tag bei all ihren Wünschen und Ängsten gut zu unterstützen.

Würden Sie wirklich weiterhin gerne zur Arbeit gehen, sich anstrengen und an die Sinnhaftigkeit Ihrer Tätigkeit glauben? Könnten Sie Ihre Motivation über Stunden, Tage und viele Jahre weiter aufrechterhalten?

So ähnlich geht es Ihrem Kind, wenn es dauernd Negatives über Schule und Lehrer allgemein oder sogar über »seine« Schule hört.

# Eltern denken vorausschauend

Wir Eltern bemühen uns um eine Erziehung, die fit für die Zukunft macht und für alles wappnet, wir wollen die beste Schule und tun alles für eine anregende Freizeitgestaltung. Dieses Bemühen ist grundsätzlich sehr löblich, hat aber auch eine Kehrseite: Laut einer Studie der Konrad-Adenauer-Stiftung fühlen sich viele Eltern unter Druck und empfinden die Erziehungsarbeit und das Lernen mit den Kindern als sehr anstrengend. Obwohl Nachwuchs das eigene Leben grundsätzlich bereichert, fühlen sich viele Familien belastet, besonders wenn die Schulzeit beginnt. Auch Enttäuschung macht sich manchmal breit. Nämlich dann, wenn das Kind vielfältige Angebote nicht nutzen will oder Erwartungen nicht erfüllen kann.

Viele Familien fragen sich schon während der Kindergartenzeit, wie das Kind wohl die Umstellung auf die Schule bewältigen wird und welche Schulen später in Frage kommen. Sie fragen sich: Soll mein Kind nicht doch schon mit fünf Jahren eingeschult werden? Sollte es noch mehr außerhalb gefördert werden? Welche Chancen hat es in 10, 15 Jahren am Arbeitsmarkt? Wird es studieren können? Welche Studienrichtung

hat Zukunft? Wie kann ich seine Chancen im weiteren Leben optimieren?

## Wir wollen doch nur das Beste!

Nicht selten verbirgt sich hinter diesem Spruch das Bedürfnis der Eltern, die Bildung des Kindes so perfekt wie möglich zu gestalten. Viele Familien suchen deshalb vor allem nach Schulen, die eine besonders starke Leistungsorientierung haben. Das ist prinzipiell nicht schlecht, kann aber für viele Kinder auch Stress bedeuten. Denn eine sehr homogene Schule mit hohen Anforderungen und lauter bestens geförderten Kindern von anderen ehrgeizigen Eltern kann viel Druck erzeugen. In einem insgesamt sehr leistungsstarken Umfeld ist es schwerer, gute Noten nach Hause zu bringen und ein tragfähiges Selbstwertgefühl zu entwickeln.

Gut gemeint ist nicht automatisch gut und führt leicht zu Dauerstress für die ganze Familie. Die Forschung hat bewiesen, dass permanent hoher Erwartungsdruck von allen Seiten das Gehirn und das Denken regelrecht blockieren kann.

Was wünschen Sie sich für Ihr Kind? Haben Sie bestimmte Pläne im Kopf? Natürlich soll es gesund, erfolgreich und froh sein. Aber wie soll das im Detail aussehen? Wünschen Sie sich eine bestimmte Schule, eine bestimmt Schullaufbahn, einen bestimmten Abschluss? Wie wichtig ist Ihnen das Abitur für Ihr Kind?

Stellen Sie sich einmal vor, Ihr Kind sagt mit 13 Jahren, dass es auf keinen Fall Abitur machen möchte … Oder es beschließt mit 15 oder 16 Jahren plötzlich, dass es nicht studieren will, weil es sich für einen ganz anderen Beruf begeistert, zum Beispiel

Handwerker oder Künstler – wie fühlen Sie sich dabei und wie würden Sie reagieren?

Hohe Bildungsabschlüsse und gute Zensuren sind natürlich erstrebenswert, aber mit Sicherheit nicht ausschlaggebend für ein zufriedenes Leben. Kinder, die unpassenden Anforderungen ständig hinterherlaufen müssen oder ihre echten Interessen nicht vertiefen können, verlieren ihre Begeisterungsfähigkeit und trauen sich bald wenig zu. Wenn hingegen ein Kind an sich selbst glaubt und dieser Glaube durch Erfolge und passende Angebote in Schule und Freizeit Nahrung erhält, dann hat es gute Aussichten, alles aus sich herauszuholen, was in ihm steckt. Ob ein Mensch persönlichen und beruflichen Erfolg im Leben erlangt, hängt vor allem von der Gesamtpersönlichkeit und dem Einsatzwillen ab. Psychosoziale Kompetenz und mentale Gesundheit sind wichtig für eine erfolgreiche Zukunft, und auch soziales Einfühlungsvermögen ist nötiger denn je.

## Die Einstellung ist wichtig

Wir wollen unseren Kindern eine zwanglose Kindheit ermöglichen, in der vor allem Leichtigkeit und Freude Platz haben. Einerseits will die Familie Schutz- und Schonraum für unsere Kinder sein, auf der anderen Seite nehmen die Anforderungen von außen zu und die Kinder sollen möglichst gut aufs Leben vorbreitet werden.

### Die eigene Schulzeit

Kindheit und Schule sind universelle Erfahrungen. Wir alle waren einmal Schulkinder und haben unsere ganz persönlichen Erlebnisse, aus denen sich unsere Einstellungen herausgebildet haben. Über Schule und Bildung wird überall heftig diskutiert. Alle reden mit, weil sich jeder, der eine Schule besucht hat, als Experte fühlt und seine eigenen Erlebnisse einfließen lässt. Denn die persönlichen Gefühle zum Thema Schule wirken lebenslang nach.

............................................................................................

Marina, 34, Mama von Corinna

## Ich war selbst so angespannt am ersten Schultag

» *Nun war er da, der erste Schultag unserer Tochter. Die prall gefüllte Schultüte im Arm, stand Corinna neben mir in ihrem hübschesten Kleidchen. Neben der freudigen Anspannung spürte ich auch eine große Unsicherheit, als Corinna, ihr Papa und ich die Klasse zum ersten Mal betreten durften. Nur zögernd ließ Corinna meine Hand los, und auch mir fiel es schwer, sie loszulassen. Sie blickte sich noch einmal um, bevor sie sich neben ein kräftiges Mädchen in der letzten Bank setzte, die sie gleich ein wenig zur Seite schubste. »Warum geht sie nicht weiter nach vorn? Warum lässt sie sich auf die Seite drängen?«, fragte ich mich. »Ist sie jetzt entmutigt?« Sofort fiel mir ein, wie mich meine Sitznachbarin in der Grundschule früher gepiesackt hat. Meine große Tochter kam mir neben diesem starken Mädchen plötzlich sehr klein und schutzbedürftig vor. Ich machte mir Gedanken darüber, ob sie wohl nun für immer neben ihr sitzen bleiben muss. Mein Mann war da viel entspannter, er sagte: »Mach dir da mal keine Sorgen, sie wird sich schon durchsetzen.« Seine Sorgen lagen woanders: »Schau dir mal die Lehrerin an. Ich hätte mir eine jüngere für unsere Tochter gewünscht. Meine erste Lehrerin war auch so alt. Sie war sehr streng und hat uns Kinder ganz schön dressiert! Ich fürchte, Corinna mag diese Lehrerin nicht.«*

*Wieder zu Hause erzählte Corinna begeistert, dass sie schon eine neue Freundin gefunden hat und dass sie die Lehrerin sehr, sehr nett findet. Sie hatte offenbar alles ganz anders empfunden als wir. Haben wir uns geirrt?* ◄●

Verschiedene Assoziationen an die eigene Schulzeit werden Sie vermutlich das ganze Schülerleben Ihres Kindes mehr oder weniger stark begleiten. Die eigenen Erfahrungen aus der Kindheit sind vor allem sofort präsent, wenn Sorgen auftauchen. Wie wir Erwachsenen die Schule unserer Kinder sehen, hängt maßgeblich davon ab, wie wir unsere eigene Schulzeit in Erinnerung haben. Das hat tatsächlich den größten Einfluss darauf, welche Erwartungen oder Befürchtungen wir für unsere Kinder haben. Ohne es zu wollen, übertragen wir oft die eigene Haltung auf unsere Kinder. Das ist normal und nicht prinzipiell schlecht, wenn wir unsere Erinnerungen immer wieder bewusst hinterfragen und mit der Wahrnehmung des Kindes in der Gegenwart abgleichen.

Kennen Sie Sätze wie »Ich war in Mathe auch kein Genie« oder »Die Grundschule ist ja noch einfach, aber dann geht's richtig los!«? Möglicherweise ist aber gerade die Tochter einer mathematisch negativ vorbelasteten Mutter naturwissenschaftlich begabt oder der Sohn startet mit zehn erst richtig durch, während er in den ersten Jahren mit der Aufmerksamkeit zu kämpfen hatte. Wie es uns Erwachsenen selbst in und mit der Schule ging, prägt unsere Einstellungen zum Thema Lernen, auch wenn es unseren Kindern in der Schule ganz anders geht. Diese Erkenntnis macht auch Mut:

Indem Sie als Eltern ihre eigene Meinung und Klischees kritisch hinterfragen, können Sie sehr viel dazu beitragen, dass Ihre Kinder ihre Schule als einen positiven Ort sehen, an dem sie Tag für Tag klüger werden. Natürlich liegt es auch an den Lehrkräften, dem sozialen Umfeld, den Schulgesetzen und an vielem mehr, was Kindern dann wirklich in der Schule begegnet und zu schaffen macht. Aber die erste und wichtigste Eintrittskarte ist die Einstellung im eigenen Elternhaus.

## Eigene Erlebnisse bewusst machen

Die meisten von uns haben auch einige schlechte Erinnerungen an die eigene Schulzeit. Manche wurden gepiesackt, andere haben sich von Lehrern ungerecht behandelt gefühlt, wieder andere hatten ihre Probleme mit Mathematik oder wurden im Sportunterricht immer als letzte für die Mannschaft ausgewählt. Diese Erinnerungen werden durch die Tatsache verstärkt, dass sowohl extrem Negatives als auch sehr schöne oder intensive Erfahrungen besonders in Erinnerung bleiben und sich im Laufe der Zeit in die eine oder die andere Richtung verändern. So bleibt das misslungene Experiment in Chemie, das einen großen Feueralarm für das ganze Schulhaus auslöste, wohl ein Leben lang in Erinnerung und wird im Erzählen noch weiter ausgeschmückt. Und von der ersten verliebten Schwärmerei für den besonders netten Schulkameraden wird noch heute gerne lächelnd erzählt, auch wenn der frühere Jüngling mittlerweile gar nicht mehr attraktiv ist. Es ist wissenschaftlich bewiesen, dass das Gedächtnis nicht wie ein Aufnahmegerät funktioniert, das eins zu eins wiedergibt, was es erlebt hat. Die Forschung hat ergeben, dass unsere Erinnerungen nicht nur rekonstruiert sind, sondern auch konstruiert werden. Dadurch, wie wir darüber sprechen, bekommen Erinnerungen eine zusätzliche Dynamik. Schlimmes wird oft noch schlimmer und wird beim Erzählen immer mehr ausgeschmückt. Besonders die negativen Erinnerungen an die eigene Schulzeit erzeugen daher bei vielen Müttern und Vätern Ängste und Zweifel. Eine eher negative elterliche Haltung zur Schule erschwert es jedoch dem Kind, eine positive Erwartungshaltung und Freude zu entwickeln.

## Jedes Kind hat ein Recht auf eigene Erfahrungen

Viele Erwachsene spüren Emotionen im Zusammenhang mit der Schule, die sie nicht steuern können. Sie kommen aus dem Unbewussten, aus längst vergangenen, eigenen Erfahrungen. Vielleicht finden Sie sich bei der einen oder anderen der folgenden Aussagen wieder?

- Bei Silke taucht plötzlich ein ungutes Gefühl auf, wenn sie nur den Schulgeruch riecht, der in der Luft liegt, sobald sie das Schulhaus ihres Sohnes betritt.
- Beim ersten Elternabend macht sich bei Rüdiger ein unsicheres Gefühl breit, als er in der Bank seiner Tochter sitzt. Als er sich zu Wort meldet, spürt er Herzklopfen wie als kleiner Junge, wenn er nach vorne an die Tafel musste. Dabei ist er heute Abteilungsleiter in einer großen Firma und hält nahezu täglich Präsentationen.

### Nach innen fernsehen

Halten Sie einmal bewusst inne und spüren Sie in sich hinein, welche Bilder beim Wort »Schule« gerade auftauchen. Nun stellen Sie sich vor, sie sehen diese Szenen in einem Fernseher, einem alten Gerät, das gerade eine Störung hat. Das Bild wackelt zuerst, wird unscharf und fällt nun ganz aus. Egal auf welchen Knopf Sie auch drücken, der Sender »Meine Schule« ist gestört und zeigt nur noch Flimmern. Atmen Sie tief ein und aus, wechseln Sie ein wenig Ihre Haltung, bewegen Sie Kopf und Nacken. Rufen Sie sich ein inneres, positives Bild in die Vorstellung, egal welches. Sagen Sie sich bewusst: »Meine Erinnerungen sind nur Erinnerungen. Wir sind im Heute und Jetzt.«

- Bei Simon wird unerklärlich heftiger Zorn wach, als die Lehrerin Konflikte zwischen Kindern anspricht. Als er aber hört, dass am Nachmittag Judo angeboten wird, spürt er Freude. Das hat er sich während seiner Schulzeit immer gewünscht.

Bei Silke, Rüdiger und Simon werden längst zurückliegende Gefühle aktiviert. Auch wenn viele Kinder ihren Eltern tatsächlich sowohl im Verhalten als auch in den Anlagen ähneln, ist eines sicher: Jedes Kind erlebt seine Schulzeit anders, macht selbst gänzlich andere Erfahrungen und hat seine individuellen Wünsche. Wenn es uns gelingt, unsere alten, eigenen Erfahrungen und Wunschvorstellungen das sein zu lassen was sie sind – alte, eigene Erfahrungen, gefärbt von unseren Emotionen –, geben wir unseren Kindern die Möglichkeit, unbeeinflusst in neue Situationen zu gehen und sich selbst zu orientieren.

## Welche Schule ist die richtige?

Vor der Einschulung müssen Sie als Eltern sich erst mal durch den Dschungel der vielfältigen Schulangebote kämpfen: Ist die nächstgelegene Grundschule gut genug oder sollen wir doch weitersuchen? Hält unser Kind eine ganztägige Schulform aus und wie geht es dort zu? Was gibt es sonst noch für Angebote und wie erfahren wir mehr darüber? Entgegen der gängigen Meinung geht es nicht zuerst darum, ob eine Schule »einen guten Ruf« hat, sondern ob sie zu Ihrem Kind und Ihren Vorstellungen passt.

In den meisten Bundesländern werden Kinder dem Wohnort entsprechend einer Grundschule zugewiesen, in besonderen Fällen sind Umschulungen an eine andere öffentliche Schule möglich. Schulen und Pädagogen haben außer einem gemeinsamen Rahmenlehrplan auch unterschiedliche Schwerpunkte und ein unterschiedlich hohes Engagement. Das liegt sowohl an den Inhalten als auch an der Didaktik (die Art und Weise, wie Lernstoff vermittelt wird).

Auf der Homepage von Schulen können Sie sich über das Schulprofil und unterschiedliche Konzepte informieren. Viele Schulen haben auch einen Tag der offenen Tür, bei dem Eltern und Kinder Gelegenheit haben, sich bei Klassenlehrern und Schulleitern ausführlich zu informieren und die Schulatmosphäre zu schnuppern. Sammeln Sie vorher am besten alle Fragen, die Ihnen wichtig erscheinen:

Hat die Schule, auf die Ihr Kind gehen soll, einen kreativen Schwerpunkt? Dann sollte Ihr Kind Freude an Malen, Singen oder Musizieren mitbringen, sonst wird es sich langweilen. Ist viel Mitarbeit seitens der

Eltern gewünscht? Dann sind Sie richtig, wenn Sie viel Zeit haben und diese auch zur Verfügung stellen können. Ziehen Sie eine konfessionelle Privatschule in Erwägung? Dann sollten Sie die religiöse Weltanschauung dieser Schule zumindest nicht ablehnen. Denken Sie, dass Ihr Kind in einer alternativen Schulform gut aufgehoben ist? Dann setzen Sie sich mit der Ideologie dieser pädagogischen Richtung vorher genau auseinander, um zu prüfen, ob sie zu Ihrem Denken passt.

>> Mit der Schule ist es wie mit Beziehungen: Wenn die Menschen und Einstellungen nicht zueinander passen, sind Schwierigkeiten vorprogrammiert.

Bei der Schulwahl und den Vorbereitungen für den Start sollten Sie Ihr Kind mit einbeziehen. So erfährt Ihr Kind, dass seine Meinung ernst genommen wird, aber nicht allein ausschlaggebend ist. Denn das wäre für sein Alter eine zu große Verantwortung. Auch die Länge des Schulweges und damit die soziale Verbindung zu Schulkameraden sind zu bedenken. Ein langer Schulweg heißt zeitig aufstehen, seine Freunde nicht in der Nähe haben und lange Fahrzeiten aushalten.

## Alternative und öffentliche Schulkonzepte

Entgegen der verbreiteten Meinung sind reformpädagogische Konzepte nicht neu, sondern viele Jahrzehnte alt und erprobt. Beispiele dafür sind Waldorf- oder Montessori-Schulen. Schwerpunkte sind zum Beispiel selbständiges Lernen mit allen Sinnen und fächer- und klassenübergreifender Unterricht. Das Ziel ist: weg vom bloßen Nachmachen, hin zum selbständigen Lernen ohne Vorzeige- und Leistungsdruck.

In der Regel übernehmen heute viele Lehrerinnen und Lehrer an den öffentlichen Grundschulen Teile von reformpädagogischen Konzepten. Tendenziell wird der bekannte Frontalunterricht auch in den öffentlichen Schulen durch neue Lehr- und Lernformen wie offenes Lernen, Projektunterricht und handlungsorientiertes, selbsttätiges Lernen ergänzt oder ersetzt. Von stundenlangem Stillsitzen und passivem Zuhören haben sich die meisten Grundschulen zum Glück längst abgewandt. Fragen Sie nach, wie das an Ihrer Wunsch-Schule gehandhabt wird.

## Noten oder was sonst?

Die Diskussion um die Sinnhaftigkeit von Noten schafft ideologische Lager. Noten haben eine Informations-, Vergleichs- und Selektionsfunktion, die den meisten Eltern aus ihrer Schulzeit bekannt ist. Wenn ein Kind die Klasse wechselt, ändern sich oft seine Noten zum Guten oder zum Schlechten, ohne dass sich die Anforderungen oder Leistungen ändern, denn Noten sind immer auch vom Gruppendurchschnitt abhängig. Sie können nie ganz objektiv sein. Noten vertragen sich nicht sehr gut mit individueller Förderung. Es entstehen leicht Schülerhierarchien, es gibt die guten und die schlechten. Besonders junge Kinder reagieren sehr sensibel auf schlechte Noten.

Der Erziehungswissenschaftler Hans Brügelmann meint, dass erfolgreiche Schulen keine reinen Leistungszentren mehr sind. Sie vermitteln vermehrt Aspekte der Persönlichkeitsbildung und tragen im Idealfall dazu bei, soziales und solidarisches Verhalten zu schulen. Das gelingt meist besser ohne Notendruck und ist ein wichtiges Ziel in der Erziehung.

An vielen Schulen und meistens in den ersten Grundschuljahren gibt es noch andere Beurteilungsformen. Manche Kinder bekommen Berichte, in denen konkret beschrieben ist, wo genau ihre Stärken und Schwächen liegen. Auch wie die Leistungen sich entwickeln, das heißt, was der einzelne Schüler dazugelernt hat und was seine nächsten Lernaufgaben sind, wird transparent vermittelt. Das können Noten natürlich nicht.

**Die Reaktion ist wichtig**

Dennoch sind Noten prinzipiell weder gut noch schlecht. Schließlich hängt es immer davon ab, wie auf Noten reagiert wird. Wenn sie nicht tragisch, sondern als bloße Information gesehen werden, sind sie einfach ein Leistungsfeedback, nicht mehr und nicht weniger. Und für viele Kinder sind Noten auch ein Grund, sich miteinander zu freuen.

Die wichtige Frage für Sie lautet: Wie denke ich? Sehe ich mein Kind lieber mit traditionellen Noten, wie ich sie kenne und die für mich transparent sind? Oder lehne ich das ab, weil ich glaube, dass Noten mein Kind unter Stress setzen und nicht mehr zeitgemäß sind?

Wenn Sie sich für eine Schulform mit anderen Beurteilungsformen entscheiden, müssen Sie vermutlich in Kauf nehmen, dass Sie manchmal gar nicht wissen, wo Ihr Kind im Vergleich mit den anderen steht. Das ist im Prinzip auch gar nicht so wichtig. Aber viele Eltern fragen dann doch ganz leise den Lehrer: »Und welche Note würden Sie meinem Kind geben, wenn Sie Noten vergeben müssten?« Das ist eine durchaus verständliche Frage, führt aber jedes alternative Beurteilungssystem ad absurdum. Dann lieber gleich Noten. Viele Schüler mögen Noten auch sehr gerne und empfinden sie

als Ansporn und klares Feedback. Denn Noten kann man herzeigen und sie sind ein sichtbares Zeichen für Erfolg.

Doch außer den Beurteilungsformen gibt es auch noch viele andere Unterschiede zwischen Schulen.

## Ganztägige Schulformen

Schüler und Lehrer verbringen in Ganztagsschulen viel mehr Zeit miteinander und arbeiten enger und lockerer zusammen als in den Vormittagsschulen. Klassengemeinschaften sind dort bis zu zehn Stunden am Tag zusammen. Das wirkt sich auf das Sozialverhalten der Schüler oft positiv aus, ist aber natürlich besonders für junge Kinder sehr anstrengend. Der Stundenplan kann leichter den Bedürfnissen der Schüler angepasst werden. Da Freizeit für Kinder sehr wichtig ist und nicht vernachlässigt werden darf, werden am Nachmittag oder auch am Vormittag vermehrt künstlerische und sportliche Tätigkeiten angeboten. Echte freie Zeit zum Rumhängen, frei Entscheiden und Tagträumen gibt es allerdings kaum.

Vor allem wenn beide Elternteile erwerbstätig sind, kann diese Schulform eine Erleichterung für das Familienleben bedeuten, weil die Kinder die Hausaufgaben zum Großteil in der Schule erledigen. Der Abend gehört wirklich der Familie. Mit Mittagessen und Hausaufgabenhilfe sind diese Schulen eine gute Alternative zum Hort.

Kritiker sind der Meinung, dass der Einfluss der Eltern auf ihre Kinder abnimmt, und manche Eltern fürchten, den Einblick ins Schulgeschehen zu verlieren. Die Kinder haben weniger echte Freizeit, da auch die lernfreie Zeit klar strukturiert und organisiert ist. Besonders wenn ein Kind viel Ruhe und Erholung braucht, ist die Ganztagesschule vielleicht nicht das Richtige.

## Öffentliche und private Schulen

Öffentliche Schulen bilden meist eins zu eins die gesellschaftlichen Verhältnisse im Wohnumfeld ab. Viele Eltern möchten jedoch ihr Kind von möglichen Problemlagen der Regelschulen fernhalten und vertrauen mehr den kostenpflichtigen, privaten als den öffentlichen, kostenfreien Schulen. Die Zahl der Kinder an Privatschulen steigt, und das gilt nicht nur für Kinder aus sehr reichen Elternhäusern, sondern auch die Mittelschicht wendet sich immer häufiger vom öffentlichen Schulsystem ab.

Aber auch hier gilt: Nicht jede Privatschule bietet automatisch für Ihr Kind das bessere pädagogische Umfeld und nicht jede Privatschule hat automatisch die besseren, engagierteren und verständnisvolleren Lehrkräfte. Auch das Märchen von der immer heilen Welt in den konfessionellen Schulen lässt sich nicht mehr aufrechterhalten.

In manchen Fällen, besonders wenn Kinder unter speziellen Lerneinschränkungen leiden, als hochbegabt gelten oder nur sehr schwer lernen und eine besondere Förderung nötig haben, sind spezielle Privatschulen sinnvolle Möglichkeiten, doch gut durch die Schulzeit zu kommen. Ebenso haben Privatschulen oft ein besonders vielseitiges Nachmittagsprogramm mit unterschiedlichen Freizeitaktivitäten und Förderangeboten. Das kommt beruflich sehr engagierten Eltern mit wenig Freizeit entgegen.

### Vorsicht und Intuition

Egal um welche Schule es sich handelt: Seien Sie vorsichtig, wenn pädagogische Richtungen oder Schulkonzepte wie Religionen verkündet und beworben werden. Wichtig ist Ihre Kompetenz als Eltern. Lassen Sie sich nichts einreden. Sie als Eltern können am besten beurteilen, was zu Ihrem Kind passt. Sie kennen den eigenen Sprössling am längsten. Achten Sie auch auf Ihre Intuition: Wie fühlen Sie sich, wenn Sie mit Ihrem Kind zum ersten Mal zum Schnuppern das Gebäude betreten? Wenn es freundlich wirkt, Sie sich bei den Pädagogen auf Augenhöhe willkommen fühlen und auf Fragen verständliche, klare Antworten erhalten, dann sind Sie wahrscheinlich richtig. Es gibt keine zweite Chance für einen ersten Eindruck und den sollten Sie sich schon vor dem ersten Schultag verschaffen.

Privatschulen sind häufig kostenpflichtig und erheben ein Schulgeld. Wenn es das Familienbudget empfindlich schmälert, setzt das das Kind oft unter Druck und bringt mitunter sogar finanzielle Engpässe. Meistens kommen noch andere Kosten im Laufe des Schuljahres dazu. Der Gruppendruck bei teuren Konsumartikeln kann unter gut situierten Kindern sehr stark werden, besonders wenn das eigene Elternhaus einen nicht so großen finanziellen Spielraum hat.

# Vom Kindergarten in die Schule

Der Wechsel vom Kindergarten in die Schule bringt nicht nur für die Erstklässler selbst, sondern für alle Familienmitglieder große Veränderungen mit sich.

Spätestens mit sechs Jahren sind die meisten Kinder schulfähig und warten gespannt auf den Schulbeginn. Das kindliche Gehirn ist in diesem Alter so weit entwickelt, dass es unsere Kulturtechniken wie Lesen, Schreiben und Rechnen problemlos aufnehmen und benutzen kann. Das ist ein großer Schritt, damit das Kind sich in der Welt auch außerhalb der Familie zurechtfinden kann. Das selbständige Überwinden kleiner Hürden trägt dazu bei, dass das Kind zu Erfolgserlebnissen kommt und ein gesundes Selbstwertgefühl entwickeln kann.

## Anfangsschwierigkeiten

Die Institution Schule ist Pflicht und stellt neben dem Leistungsanspruch auch andere Anforderungen, wie Pünktlichkeit und Regelbewusstsein. Plötzlich ist es nicht mehr egal, ob Tommi um acht Uhr oder um fünf nach acht im Kindergarten ankommt. Wie Kinder mit Übergängen zurechtkommen, hängt auch davon ab, wie gut sie darauf

vorbereitet werden. Ein Kind, das zu Hause beim Essen aufstehen darf, wann es will, das andere nicht ausreden lässt und alles immer sofort will, wird es in der Schule schwerer haben. Grundlegende Kommunikationsregeln, wie Zuhören, Antworten oder Grüßen, machen sozial fit und das Leben in der Regel angenehmer – für alle Beteiligten. Natürlich wird dies auch in der Schule thematisiert und eingeübt. Die Lehrer von heute erwarten keine Kinder, die den Knigge bereits auswendig kennen. Lernen und Konzentrieren gelingt aber auf jeden Fall von Anfang an viel besser, wenn eine gewisse Grundausstattung an Kompetenzen bereits zu Hause erworben wurde.

Die meisten Kinder freuen sich auf den ersten Schultag, wollen lernen, sind interessiert und neugierig. In der Regel ist die Lust am Lernen vorhanden und muss nicht künstlich erzeugt werden. Zuerst gilt es nun, die vorhandene Motivation zu erhalten, auch wenn manches am Anfang schwierig erscheint oder anders ist als erwartet.

wollen erreicht werden. Zum ersten Mal in seinem Leben muss das Kind mit Beurteilungen umgehen. Auch wenn das nicht unbedingt in Noten ausgedrückt wird, ist bald klar, dass es immer andere gibt, die etwas besser können oder schneller begreifen. Kinder lernen neue Verhaltensregeln kennen und erleben sie manchmal als Einschränkung ihrer gewohnten Freiheit. Es dauert eine Zeit, bis sie sich daran gewöhnt haben. Das geht allen Schulneulingen so und gute Pädagogen planen eine angemessene Eingewöhnungszeit ein.

»Jetzt beginnt der Ernst des Lebens!« – Vermeiden Sie solche prägenden Aussagen, auch wenn sie nicht böse gemeint sind. Aber für Kinder klingt sowas leicht negativ und erzeugt zusätzliche Unsicherheiten. Wenn Sie hören, dass jemand anderes so mit Ihrem Kind spricht, kontern Sie locker, zum Beispiel: »Ja, Niklas freut sich schon sehr auf die Schule und darauf, dass er Lesen und Schreiben lernen wird. Und er wird ganz bestimmt sehr viel Spaß dort haben!«

Die meisten Kinder können neue Anforderungen gut bewältigen und freuen sich riesig, ein Schulkind zu sein. Es ist aber auch normal, dass die anfängliche Begeisterung nach den ersten Monaten ein wenig abflacht. Ganz verschwinden sollte sie jedoch nicht, das wäre ein Zeichen, dass etwas grundsätzlich nicht stimmt.

Zeigen Sie Ihrem Schulkind, wie stolz Sie sind und dass Sie ihm zutrauen, mit der Schule klarzukommen. Vertrauen Sie aber auch sich selbst! Gute Eltern zweifeln öfter und machen sich viele Gedanken, aber sie wissen auch, dass Hürden und Unsicherheiten zum Leben gehören. Lassen Sie sich selbst und Ihrem Schulkind ein wenig Zeit, um sich auf Veränderungen und die neuen Menschen einzustellen und kleine Korrekturen vorzunehmen.

## Vieles wird anders

Sobald Ihr Kind in die Schule geht, wird vieles anders: Der Tagesablauf ändert sich, zeitliche Nischen und Rückzugsmöglichkeiten sind im Schulablauf weniger vorgesehen. Die freie Tageszeit wird kürzer, nur in den Ferien ist Durchhängen und Urlaubmachen noch möglich. Über viele Jahre ist die ganze Familie an die Erfordernisse der Bildungsinstitutionen gekoppelt. Es gibt Pflichten für Schulkinder, für Mütter und Väter. Lernziele

## Schulkinder heute: verschieden und doch gleich

Schule ist prinzipiell notwendig und wichtig, weil sie Bildung und gemeinsames Lernen ermöglicht. Die Schule sollte ganz nebenbei auch dazu beitragen, kleine Persönlichkeiten zu entfalten, verschiedene Menschen und Kulturen kennenzulernen und sich als Teil einer Gemeinschaft mit unterschiedlichen Individuen zu erleben.

Die Kinder in unseren heutigen Klassen sprechen verschiedene Sprachen, bringen unterschiedliche Erziehung, unterschiedliches Wissen und verschiedene Weltanschauungen mit ins Schulgeschehen. Dennoch haben sie alle die gleichen Bedürfnisse und ähnliche Erwartungen: Sie wollen wachsen, brauchen Optimismus und Vertrauen in ihre Fähigkeiten. Sie brauchen Halt gebende Beziehungen und sichere Strukturen. Sie wollen unterstützt werden, wenn nicht immer alles reibungslos läuft. Sie alle brauchen Anerkennung von uns Erwachsenen und von ihren Schulkameraden, sie alle sehnen sich nach Liebe, freuen sich über Erfolge und über Humor im Alltag. Zusammen können sie Gemeinschaftssinn und Hilfsbereitschaft entwickeln, ihr Wissen stetig erweitern, viele Jahre miteinander verbringen und Freundschaften für lange Zeit oder für das ganze Leben knüpfen.

## Der perfekte Start

Der erste Wunsch von Eltern, Kindern und Lehrern ist ein gelungener Start. Der ist auch sehr wichtig, denn er prägt das Kind und seine Einstellung. Aber Schule ist in unseren Breitengraden Pflicht und das Wort »Pflicht« hat immer auch einen unangenehmen Beigeschmack, weil die Freiwilligkeit wegfällt. Beruhigend ist, dass die meisten normal begabten, schulfähigen Kinder gut durch die ersten Jahre kommen und meist auch die ganze Schulzeit passabel schaffen. Eltern können schon vor Schulbeginn viel zum guten Einstieg beitragen.

Die folgenden Tipps helfen Ihrem Kind zu einem guten Start ins Schülerleben:

### Wecken Sie keine falschen Erwartungen

Sprechen Sie mit Ihrem Kind über die bevorstehende Einschulung und teilen Sie seine Vorfreude. Vermeiden Sie aber, falsche Erwartungen zu wecken, zum Beispiel: »Du wirst sehen, die Kindergartenfreunde fehlen dir gar nicht.« Oder: »Das Lernen fällt dir sicher ganz leicht.« Das kann, muss aber nicht stimmen. Jubeln Sie die kommende Zeit also nicht hoch, sonst bleiben Enttäuschungen nicht aus. Aber auch ein Betonen der möglichen negativen Aspekte ist nicht angebracht. Besser: »Schule ist normal und wichtig. Und jetzt ist es so weit! Du bist ein großes Schulkind!«

### Zeigen Sie Interesse für Details

Ihr Interesse auch an Kleinigkeiten zeigt Ihrem Kind, dass Ihnen sein Ergehen in der Schule wichtig ist und worauf es im Schulalltag auch ankommt. Achten Sie auf gespitzte Stifte und in Mappen eingeordnete Blätter. Unterschreiben Sie Schulmitteilungen, die Ihr Kind mit nach Hause bringt, zügig.

Richten Sie gemeinsam einen liebevoll gestalteten Platz zu Hause her, an dem Ihr Kind ungestört seine Aufgaben machen kann.

Das Kind darf mitbestimmen, wie der Schulranzen aussehen soll oder welche Sportschuhe ihm gefallen. Trotz aller Vorfreude muss aber nicht jedes hübsche Schulutensil gekauft werden. Denn ein übervoller Ranzen erschwert Ordnung und Orientierung, auch wenn wunderschöne Dinge drinstecken. Kontrollieren Sie in den ersten Wochen täglich die Schultasche, damit sich keine unerwünschten Essenreste oder sonstige Störenfriede darin aufhalten. Zeigen Sie sich interessiert, aber nicht aufdringlich.

### Ein regelmäßiger Tagesrhythmus hilft

Stimmen Sie Ihr zukünftiges Schulkind schon vor dem ersten Schultag auf einen regelmäßigen Tagesrhythmus ein: Rechtzeitiges Aufstehen, frühes Zubettgehen und Aussuchen der Kleidung für den nächsten Tag schon am Abend vorher erleichtern den Einstieg und sollten schon vor den ersten Schulwochen Gewohnheit sein. Reduzieren Sie am Schulanfang zusätzliche Aktivitäten und teilen Sie die Zeit nicht zu straff ein. Stimmen Sie auch Ihren eigenen Tagesablauf mit den bevorstehenden Veränderungen ab. Planen Sie zum Beispiel jeden Abend Zeit für schulische Belange ein und informieren Sie Ihren Chef, dass Sie ab jetzt mit dem Urlaub an Ferienzeiten gebunden sind.

### Schule ist nicht das Wichtigste im Leben

Machen Sie die Schule Ihres Kindes nicht zum Lebens- und Familienmittelpunkt. Lernen und Schule sollen nach der Eingewöhnungszeit nur den Raum einnehmen, der ihm zusteht. Freizeit, Freunde und all das, was vor dem Schulbeginn Spaß gemacht hat, bekommen auch nachher wieder einen sicheren Platz im Familienleben, auch wenn die Zeit wahrscheinlich genauer eingeteilt werden muss. Achten Sie auch darauf, dass sich die Gespräche in der Freizeit nicht zu oft um das Thema Schule drehen. Erwachsene reden auch nicht immer und überall über ihren Arbeitsplatz. So spürt Ihr Kind, dass in erster Linie sein Wohlbefinden wichtig ist und nicht seine Leistung oder das Schul-

geschehen. Wenn Ihr Kind nach der Schule eher schweigsam ist und nicht viel berichtet, machen Sie keinen Druck. Sie müssen nicht bohren, wenn Sie keinen konkreten Anlass zur Sorge haben. Kinder wollen nicht ausgefragt werden, sondern sie erzählen gern von selbst, wenn sie Lust dazu haben.

## Unterschiedliche Erwartungen

Alle Eltern wünschen sich von der Schule eine optimale Förderung, Lehrer hoffen auf ein gutes Klassenklima und lernfreudige Schüler und Kinder möchten Spaß und viele Freunde.

Nicht immer lassen sich alle Vorstellungen unter einen Hut bekommen. Wichtig ist es deshalb zuerst einmal, die unterschiedlichen Erwartungen zu kennen. So lassen sich Missverständnisse, Enttäuschungen und Frustrationen vermeiden.

### Was wünschen sich Eltern von der Schule?

Schule sollte unseren Kindern Freude machen, Wissen vermitteln und sie gleichzeitig zu Verantwortung und Pflichtgefühl erziehen. Zeitgemäße Bildung bedeutet heute weit mehr als Schulbildung und Wissensanhäufung. Es geht zum Beispiel verstärkt um die Bildung von sozialen und emotionalen Kompetenzen und die Entdeckung und Förderung der individuellen Potenziale jedes Kindes. Dennoch muss natürlich auch allgemeines Faktenwissen Platz haben, Lernziele und Bildungsstandards müssen erreicht werden und überprüfbar sein. Die Schule sollte eine angenehme Lernatmosphäre haben. Lehrer sollten gerne Auskunft geben und sich über interessierte Eltern freuen.

Die gute Zusammenarbeit mit den Eltern sollte ihnen wichtig sein.

## Was wünschen sich Lehrer von Erstklässlern?

Lehrer wünschen sich vor allem ein schulfähiges Kind. Das bedeutet, dass es bei Alltagshandlungen weitgehend selbständig ist. Dazu zählen das zügige An- und Ausziehen von Kleidung und Schuhen, der richtige Gebrauch von Stiften, der selbständige Besuch der Toilette und eine verständliche Ausdrucksweise. Fehlt das ein oder andere noch, ist zu überlegen, ob dies wirklich ein Ausdruck mangelnder Fähigkeiten oder Reife ist oder ob das Kind bisher nur zu wenig selbständig agieren durfte. In diesem Fall können Eltern manche Tätigkeiten bewusst mehr dem Kind überlassen, um es eigenständiger werden zu lassen.

Wenn ein Kind einigermaßen sicher mit Stiften, Essbesteck, Kleidungsstücken usw. hantieren kann, beim Spielen selbständig Entscheidungen trifft und diese dann durchhält und wenn es gut aushält, längere Zeit von zu Hause weg zu sein, wird es die Anforderungen der Eingangsphase bewältigen.

Niemand erwartet in der Schule, dass vom ersten Tag an alles perfekt klappt! Ganz im Gegenteil: Für gute Pädagogen sind die ersten Wochen und Monate dazu da, um die Kinder behutsam in die neue Situation einzuführen.

## Was wünschen sich Kinder von der Schule?

Während Eltern primär einen guten Unterricht erwarten, ist Schule für Kinder vor allem als sozialer Lebensort wichtig. Deshalb haben sie meist ganz andere Prioritäten als wir Erwachsenen. Kinder gehen gerne in die Schule, wenn sie dort Freunde finden und Spaß haben. Bis zum Beginn der Pubertät sind Kinder Erwachsenen gegenüber eher positiv eingestellt und mögen, wenn nichts Schlimmes passiert, ihre Lehrer meist gerne.

Kinder erzählen ihr ganzes Schülerleben mehr von den Menschen, mit denen sie zusammen sind, als von Aufgaben, Klassenarbeiten oder Tests. Der Stoff, der vermittelt wird, steht meist an zweiter, dritter oder gar an letzter Stelle. Das ist auch in Ordnung, solange es keine Probleme damit gibt und das Kind sich grundsätzlich wohlfühlt.

## Kinder erzählen von der Schule

**Kevin, 6:**

» *Ich bin schon groß, darum gehe ich in die Schule. Mein Bruder muss noch ein Jahr in den Kindergarten, der ist noch ein Baby. Ich kann schon lesen lernen, er noch nicht. Ich habe auch ein Skateboard bekommen, das ist toll, sagt der Lehrer.*

**Linda, 7:**

» *Ich möchte in der Schule mit meinen Freundinnen zusammen sein. Die Pausen sind das Beste. Ein bisschen gehe ich auch nicht gerne hin, weil ich nicht mehr neben Kamilla sitzen darf.*

**Luca, 6:**

» Ich mag meine Schule, weil es dort Spaß gibt. Zuhause ist es langweilig, seit meine Schwester auf der Welt ist. Sie schreit immer so laut. Mama ist dann oft genervt und müde. In der Schule ist es nicht so laut, aber manchmal dürfen wir auch toben und schreien. Echt gut. Aber es ist leise, wenn die Lehrerin es will.

**Tom, 8:**

» Ich gehe gerne in die Schule, weil ich der Beste im Rechnen bin. Und Mathe ist wichtig, sagt Papa, der ist schließlich Techniker und muss das wissen. Sport mag ich nicht. Ich bin viel langsamer als die anderen. Außerdem lachen sie, wenn ich den Ball nicht fange. Mein Freund Carlo ist auch nicht gut im Sport. Darum mag ich ihn.

**Elena, 6:**

» In meiner Schule habe ich viele Freundinnen aus der ganzen Welt. Fatima kommt aus der Türkei und lässt mich immer von ihrem Pausenbrot abbeißen. Ich helfe ihr viel, weil sie nicht immer alles gut versteht. Die Lehrerin lobt mich oft und das ist schön. Ich bin die Beste in Musik und darf öfters auf der Flöte vorspielen. Traurig bin ich, weil ich nächstes Jahr in eine andere Schule gehen muss. Wir ziehen um.

**Marcel, 12:**

» Schule ist gut, weil ich dort viele Freunde habe und wir nach dem Unterricht gemeinsam in den Park gehen. Englisch ist wichtig, das braucht man im Leben. Aber Hausaufgaben sind blöd, zum Glück lässt Pia mich in Mathe abschreiben. Am Nachmittag möchte ich lieber PlayStation spielen und meine Ruhe haben als für die Schule lernen. Am coolsten ist Schule vor und nach den Ferien, da ist nicht mehr viel los.

**Mia, 10:**

» Ich mag Bio-Unterricht, wenn wir von Tieren reden, da kenne ich mich aus. Einmal hat die Lehrerin sogar ihren Hund mitgebracht! Haie sind meine Lieblingstiere, darüber habe ich ein echt gutes Referat gehalten. Alle haben gestaunt. Als sich meine Eltern getrennt haben, hat mich meine Lehrerin getröstet, aber nichts rumerzählt. Seither mag ich sie noch viel lieber und verstehe auch, wenn sie mal nicht so gut drauf ist.

**Daniel, 12:**

» Schule mag ich, wenn ich mit dem Fahrrad hinfahren darf. Ich hasse es aber, wenn Lehrer nerven wegen der Hausaufgaben und Tests, das ist echt uncool und macht dicke Luft daheim. Aber manche Lehrer sind auch okay, einer hat mir sogar Apps für mein neues Smartphone gezeigt. Aber sonst brauch ich die nicht. «

## Gemeinsam stark fürs Kind

So wie Eltern kooperative, engagierte Lehrer erwarten, wünschen sich Lehrer Unterstützung und Interesse aus dem Elternhaus. Die meisten Pädagogen wollen heute weniger sagen, wo es langgeht, als dem Kind viel mehr ein guter Begleiter und Lerncoach sein. Natürlich gibt es auch Lehrkräfte, denen es an pädagogischem Knowhow oder fachlichem Wissen fehlt. Ihre elterliche Kritikfähigkeit sollten Sie sich natürlich erhalten, besonders wenn Ihr Kind unglücklicherweise genau bei einem solchen Lehrer landet oder mit seinem Lehrer gar nicht zurechtkommt. Prinzipiell geht es dem Kind dann am besten, wenn es gegenseitiges Vertrauen zwischen Schule und Elternhaus spürt. Trauen Sie sich also, der Lehrerin oder dem Lehrer Ihres Kindes prinzipiell mit Vertrauen zu begegnen. Unsere Kinder brauchen eine positive Atmosphäre, in der alle an einem Strang ziehen.

Deshalb sind sich Schule und Eltern einig:

》 **Die Grundlagen für gute Leistungen sind tragfähige Beziehungen zwischen Lehrern, Schülern und Eltern.**

## Und dann? Muss es das Gymnasium sein?

Das Fernziel nach der Grundschule heißt meist Abitur. Aber ist das Gymnasium wirklich immer der richtige Weg? Gibt es andere, bessere Alternativen?

Bei manchen Kindern ist es glasklar, auf welche Schule sie nach der Grundschule wechseln werden. Aber oft ist die Entscheidung, auf welcher Schule die Bildungslaufbahn fortgesetzt werden soll, nicht leicht.

Unsicherheiten ergeben sich vor allem dann, wenn die Erwartungen der Eltern nicht zu den Vorstellungen der Grundschullehrer oder den Wünschen des Kindes passen. Informieren Sie sich am besten schon in der 3. Klasse beim Lehrer oder beim zuständigen Schulamt über den Ablauf des Schulwechsels in Ihrem Bundesland und darüber, welche Schulformen angeboten werden.

Fragen Sie auch Ihr Kind nach seiner Einschätzung von sich selbst und nach seinen Plänen. Denn Kinder und angehende Jugendliche wollen bei Dingen, die sie betreffen, mitentscheiden.

## Gemeinsam überlegen

Beraten Sie sich in der 4. Klasse mit den Lehrern Ihres Kindes und erfragen Sie, welchen Schultyp sie empfehlen. Pädagogen können meist gut einschätzen, wo die besonderen Stärken ihrer Schüler liegen. Ist Ihr Kind mehr im sprachlichen oder mehr im mathematisch-naturwissenschaftlichen Bereich zu Hause? Ist es mehr praktisch begabt oder ist es eher nachdenklich und an Denksportaufgaben interessiert? Lassen Sie sich aber nichts ein- oder ausreden, wenn es Ihrer Überzeugung widerspricht und dem, wie Sie Ihr Kind erleben. Schon viele Lehrer haben sich geirrt und Kinder haben sich gänzlich anders entwickelt, als vorher gesagt wurde.

Viele Kinder wollen nach der Grundschule auf die Schule wechseln, auf die auch der beste Freund oder die beste Freundin gehen. Aber die Schulwahl der Freunde sollte für die eigene Entscheidung nicht ausschlaggebend sein, wenn die Begabungslagen unterschiedlich sind. Meist lassen sich nach dem Schulwechsel leicht neue Freunde finden. Beziehen Sie die Meinung Ihres Kindes in die

Überlegungen mit ein, aber überlassen Sie ihm nicht die letzte Entscheidung. Reden Sie mit ihm und begründen Sie Ihre Meinung, das verstehen Kinder meist gut. Überlegen Sie gemeinsam, wie die Grundschulfreunde auch nachher noch im Leben Ihres Kindes präsent sein können.

## Professionelle Beratung

Ziehen Sie ein Gymnasium in Betracht, sind sich aber nicht sicher, ob es für Ihr Kind auch das Richtige ist, könnte eine professionelle Beratung ein möglicher weiterer Schritt sein. Spezialisierte Fachleute oder Schulpsychologen verfügen über spezielle Begabungs- und Motivationstests. Die Ergebnisse stellen eine weitere Entscheidungshilfe dar, sollten aber auch nicht der einzige ausschlaggebende Faktor sein. Ihr Kind und Sie sind die Experten. Sie kennen Ihr Kind, seine Stärken und seine Motivation am längsten. Versuchen Sie jedoch zusätzlich, die subjektiven Wünsche und Erwartungen ein wenig durch objektive Sichtweisen auf Ihr Kind zu ergänzen. Dann liegen Sie wahrscheinlich richtig.

## Mutmacher: Erfolgreiche Menschen

Nicht alle erfolgreichen Lebenskarrieren haben mit einer toller Schulkarriere begonnen. Sicher kennen auch Sie Menschen in Ihrem Umfeld, die besonders erfolgreich und zufrieden sind. Nicht alle waren das auch schon in der Schule.

Aus dem Deutschunterricht kennen wir Thomas Mann, einen der berühmtesten deutschen Schriftsteller. Selten wird dazu gesagt, dass Thomas Mann das Gymnasium abgebrochen hat. Andere Autoren wie Bertolt Brecht und Theodor Fontane hatten eine ähnliche Schullaufbahn. Unter den Persön-

lichkeiten, die in der Schule eingebrochen sind, sind auch Politiker, zum Beispiel Joschka Fischer. Er verließ in der 10. Klasse ohne Abschluss das Gymnasium. Dann versuchte er sich in vielen Berufen, vom Verkäufer bis zum Taxifahrer. Erst später spürte er sein tiefes Interesse für Politik und Demokratie. Mit Begeisterung und Einsatz ging er seinen Weg, der ihn sogar zum Amt des deutschen Außenministers führte. Damit hätten seine Lehrer sicherlich nicht gerechnet.

Das soll nicht heißen, dass wenig erfolgreiche Schüler prinzipiell ihr Leben gut meistern. Aber:

>> **Erfolg in der Schule ist nicht das einzige Kriterium für ein erfolgreiches, glückliches und zufriedenes Leben.**

# Baustein 2: Schule fängt zu Hause an

Das Leben mit Schulkindern ist anspruchsvoll und turbulent. Klare Regeln und genug Freizeit sind wichtig für ein harmonisches Miteinander und Erfolg in der Schule.

# Der Alltag mit Schulkindern

Neben Arbeit und Lernen wünschen wir uns auch noch genug Zeit für das Zusammensein als Familie – eine echte Herausforderung, die es da zu meistern gilt.

Wer nicht miteinander redet, weiß nichts voneinander. Es ist Tatsache, dass Familienmitglieder heute immer weniger Zeit miteinander verbringen. Durch Schule, Beruf, Hort und diverse Freizeitaktivitäten sieht man sich nicht so oft und nicht so lange.

Die gemeinsame Zeit ist dann oft mit schulischen Aufgaben und täglichen Pflichten gefüllt. Darunter leiden die Kommunikation und das Wissen voneinander. Damit keine Entfremdung eintritt, ist es wichtig, dass die Familie zumindest einmal am Tag zusammensitzt. Jeder sollte dann die Möglichkeit haben, über seine Erlebnisse zu berichten oder Fragen zu stellen. Die gemeinsamen Mahlzeiten sind eine gute Gelegenheit dazu. Verhindern Sie auf jeden Fall, dass jeder alleine isst oder dabei gar vor dem Fernseher sitzt.

Untersuchungen zeigen, dass gemeinsames Essen sich positiv auf das Zusammengehörigkeitsgefühl auswirkt. Achtung: Beim Essen darf nicht gestritten werden!

## Klare, einfache Abläufe

Mit Schulbeginn muss der Alltag neu strukturiert werden. Fixpunkte im Tagesverlauf unterstützen dabei, das Wesentliche nicht aus den Augen zu verlieren.

Schon vor der Einschulung können Sie viel dazu tun, dass sich ein neuer Tagesablauf einspielt. Das entspannt vor allem den Schulstart. Wenn Ihr Kind schon vor dem ersten Schultag an den neuen Tagesrhythmus gewöhnt ist, hat es den Kopf frei für die kommenden Anforderungen. Stehen Sie schon ein Weilchen vor dem ersten Schultag morgens früher auf, damit Ihr Kind sich an den Frühstart gewöhnt. Legen Sie bereits am Abend gemeinsam die Kleidungsstücke für den nächsten Tag zurecht. Sonst beginnt der Morgen möglicherweise mit der hektischen Suche nach passenden Söckchen oder der Lieblingshose, die leider noch bei der Bügelwäsche liegt. Wenn morgens alles griffbereit daliegt, beginnt der Tag übersichtlich und entspannt.

Sollte Üben zu Hause nötig sein oder müssen noch Hausaufgaben gemacht werden – was bei einer Ganztagsschule eigentlich nicht oder nur selten vorkommen sollte –, dann erst nach einer längeren Regernationsphase.

Jede Familie entwickelt ihren eigenen Rhythmus und ihren eigenen Tagesablauf. Wichtig ist, dass ihn alle kennen, alle akzeptieren und ihn im Großen und Ganzen dann auch einhalten.

## Den Tag entspannt ausklingen lassen

Schule braucht Kraft und Konzentration, sowohl psychisch als auch physisch. Manche Erstklässler schlafen plötzlich wieder mehr als noch zu Kindergartenzeiten.

Eine erholsame Nachtruhe ist ein wichtiges Fundament für die Leistungsfähigkeit und den Lernerfolg Ihres Kindes. Nur weil ein Kind am Abend wieder munter oder aufgedreht wirkt, heißt das nicht, dass es nicht müde ist. Manchmal sind Kinder, auch wenn sie sich anfangs dagegen sträuben, fast dankbar dafür, wenn man sie ins Bett bringt und dann noch Zeit mit ihnen verbringt. So kann der Tag in Ruhe ausklingen, und Kuscheln und Plaudern haben auch noch Platz. Am besten, der Abend verläuft ruhig und ohne besondere Reize. Fernsehen oder Computerspielen direkt vor dem Schlafengehen machen ebenfalls unruhig.

Schaffen Sie klare Regeln, wann die Zubettgeh-Zeit beginnt. Dabei hilft oft ein Spielraum von bis zu einer Stunde, sodass Ihr Kind den genauen Zeitpunkt selbst bestimmen darf. Auch wenn es am Anfang die Zeit

### Genug Zeit einplanen

Sehen Sie auf die Uhr, wie lange Ihr Kind ungefähr zum Waschen, Zähneputzen, Frühstücken und selbständigen Anziehen braucht. Das zeigt, wie viel Zeit Sie morgens in etwa dafür einplanen sollten.

Wenn Ihr Kind den Nachmittag nach der Schule überwiegend zu Hause verbringt, ist ein täglich wiederkehrender Rhythmus wichtig. Wenn klar ist, dass zum Beispiel immer nach den Hausaufgaben 10 Minuten Gitarreüben auf dem Plan steht, danach freie Spielzeit bis zum Abendessen folgt und Freunde nur am Freitag kommen dürfen, ersparen Sie sich unnötige Diskussionen darüber, wann was gemacht wird.

Wenn Kinder aus einer ganztägigen Schulform oder aus dem Hort nach Hause kommen, brauchen sie auf jeden Fall erst einmal Ruhe und Zeit für sich. Vor allem für Grundschulkinder ist es sowohl körperlich als auch psychisch sehr anstrengend, viele Stunden am Stück in einer Gruppe zu verbringen.

## Übungen: Besser Einschlafen

Nur wer körperlich und geistig zur Ruhe kommt, kann gut einschlafen. Das geht Kindern genauso wie uns Erwachsenen. Der Übergang von Aktivität zur Ruhe fällt Kindern allerdings oft schwer.

### Gute-Nacht-Tee

Ein gemeinsam zubereiteter Gute-Nacht-Tee entspannt und ist ein schönes Abendritual. Dafür eignen sich beruhigende Teesorten wie Melisse oder Orangenblüten – und sie schmecken auch sehr lecker. Aber lassen Sie die Teezeremonie nicht ausarten, sonst stören häufige Toilettengänge in der Nacht den Schlaf.

### Gedanken einfangen

Oft können Kinder nicht einschlafen, weil viele Gedanken im ihrem Kopf herumschwirren. Da hilft es, die Gedanken zu benennen: »Leg dich ganz ruhig hin und sag mir, welche Gedanken jetzt auftauchen.« Sie hören nur zu, nicken, diskutiert wird nicht mehr. Manchmal kommen ein paar Gedanken, aber meistens ist es schnell ruhig im Kopf.

### Gute Träume schicken

Fragen Sie Ihr Kind, was es gerne träumen möchte. So wird die Aufmerksamkeit automatisch auf schöne Dinge gelenkt. Dann reiben Sie Ihre Handflächen gegeneinander, bis sie warm sind. »So, jetzt schicke ich dir durch meine Hände Ruhe und gute Träume. Wenn du die Wärme meiner Hände spürst, kommt mein Wunsch für schöne Träume zu dir!« Nun legen Sie eine Hand auf die Stirn des Kindes, die andere auf seinen Bauch. Genießen auch Sie diesen Moment der Ruhe und tiefen Verbundenheit. Wärme und Liebe tun einfach gut.

---

bis zum Ende ausreizt, hat es auf Dauer doch das Gefühl, mitbestimmen zu können. Oft macht der Kampf um die Schlafenszeit erst richtig munter. Durch eine flexible Zubettgeh-Zeit lernt Ihr Kind auch seinen eigenen Biorhythmus kennen. Erfahrungen von vielen Eltern zeigen, dass sich dann die Diskussionen um das Zubettgehen auflösen.

Neun bis elf Stunden sind im Durchschnitt nötig, damit das Kindergehirn am nächsten Tag über genug Energie verfügt. Auch viele Konzentrationsprobleme legen sich, wenn Kinder ausreichend und gut schlafen. Ein Elfjähriger wird unter normalen Bedingungen wahrscheinlich mit 9–10 Stunden auskommen, Schulanfänger und Grundschulkinder brauchen ziemlich sicher um die 10–11 Stunden, um wirklich ausgeruht zu sein. Wussten Sie, dass neues Wissen erst in der Nacht in das Langzeitgedächtnis gelangt?

Wenn ein Elternteil erst abends von der Arbeit nach Hause kommt, ist die Freude des Kindes natürlich durchaus berechtigt, aber stürmisches Herumtoben, Kitzeln und Herumalbern sollten Sie lieber vermeiden. Besser, Papa oder Mama setzt sich ans Kinderbett, liest eine Geschichte vor und fragt, wie der Tag gelaufen ist. Viele Kinder erzählen erst am Abend, was sie beschäftigt. Wenn etwas auftaucht, worüber Sie gerne länger sprechen möchten, sagen Sie am besten ganz ruhig: »Darüber würde ich gerne morgen mit dir weiter reden. Ich erinnere dich ganz sicher daran.« Denn wenn Sie vor dem Einschlafen aufregende Diskussionen führen, wühlt das Ihr Kind auf und es schläft schlecht ein.

Schlaf lässt sich nicht befehlen, aber mit kleinen Hilfen gut einleiten. Manchmal reicht es, Störfaktoren wie laute Geräusche oder helles Licht aus dem Nebenzimmer auszuschalten. Nehmen Sie auch scheinbar kleine Störungen wie eine laut tickende Uhr ernst und bringen Sie sie zum Schweigen, damit Ihr Kind besser schläft.

## Routine, Regeln und Rituale

Regelmäßigkeit und klare Regeln, die auch eingehalten werden, geben Kindern Sicherheit. Und sie helfen der ganzen Familie, Nerven und Zeit zu sparen. Denn: Vieles muss an einem Tag untergebracht werden, das erleben unsere Schulkinder hautnah. Neben der Zeit für das Lernen steht meistens auch noch ein umfangreiches Freizeitprogramm auf dem Plan. Und die Freunde sollen auch nicht zu kurz kommen.

### Fixe Tagesstrukturen

In vielen Familien kommt es Tag für Tag zu nervenaufreibenden Diskussionen darüber, wann aufgestanden wird, wann gelernt wird, wann das Abendbrot gemeinsam (!) gegessen wird oder wann der Schulranzen gepackt wird. Konzentrieren Sie sich zunächst darauf, die alltäglichen Pflichten in ein realistisches Zeitgerüst zu packen. Es lohnt sich, dabei großzügig vorzugehen, denn natürlich ist nicht immer alles auf die Minute zu planen. Unerwartete Ereignisse können weder Sie noch Ihr Kind vorhersehen, denn ein Stau beim Autofahren, ein unerwarteter Telefonanruf oder ein wichtiger Arztbesuch können immer dazwischenkommen. Mit einer lockeren, nicht überfrachteten Tagesstruktur hat Ihr Kind einen festen Rahmen, in dem es seine Aufgaben für die Schule erledigen kann und auch noch genug freie Zeit hat, die es so verbringen kann, wie es möchte.

### Gewohnheitstiere wissen, was passiert

Fixe Gewohnheiten werden von Kindern schnell und gern als fester Bestandteil des Tages akzeptiert. In der Schule ist es ja ähnlich: Der Stundenplan bleibt gleich, der Sitzplatz auch und jeder Lehrer hat eine ganz bestimme Art, seinen Unterricht zu strukturieren. Automatisierte Abläufe halten den Kopf frei für neue Gedanken. Eine klare Routine bewirkt, dass Ihr Kind sich ohne langes Einstimmen oder Überredungskünste an die eigene Lernverantwortung erinnert.

Hausaufgaben täglich um eine bestimmte Zeit, Vorlesen am Abend vor dem Schlafengehen und vor einem Test eine halbe Stunde länger üben – das wird von Kindern besser akzeptiert, wenn es klar vereinbart ist und immer wiederkehrt. Ausnahmen sind erlaubt, aber nur aus triftigem Grund.

Solche Regeln und Gewohnheiten sichern vor allem auch den Platz für andere Aktivitäten und genügend Freizeit. Besonders wichtig ist, dass auch wir Eltern uns zuverlässig daran halten. Wenn Lernen mit dem Sohn angesagt ist, macht Papa in dieser Zeit keine Tennisstunde für sich aus und Mama telefoniert auch nicht mit Oma.

 »Der einzige Unterschied zwischen Menschen, die glücklich sind, und denen, die es nicht sind, sind ihre Gewohnheiten.« – Marci Shimoff

### Pünktlich und gesund starten

Die Schule beginnt pünktlich und für viele Kinder einfach definitiv zu früh. Für einen guten Start in den Tag ist deshalb das zeitgerechte Aufstehen am Morgen besonders wichtig. Lassen Sie Ihr Kind täglich den Wecker selbst stellen. Dafür sind Sie für das Frühstück verantwortlich. Ohne Essen und Trinken aus dem Haus zu gehen, ist ein No-Go. Wenn Ihr Kind in der Schule keine Mahlzeiten erhält, sind Sie auch für das Herrichten eines gesunden Pausensnacks, zum Beispiel Brot, Obst, Nüsse oder Gemüse, zuständig. Das gibt Ihrem Kind wichtige Energiekicks am Vormittag.

Achten Sie darauf, dass Ihr Kind am Morgen genug Flüssigkeit, am besten auch in Form von Wasser oder Tee, zu sich nimmt. Der Körper hat die ganze Nacht keine Flüssigkeit erhalten und in der Schule steht meist auch kein Glas mit Wasser auf dem Tisch. Viele Kinder kommen von der Schule heim und sind schon richtig dehydriert. Die Folgen sind oft unerklärliche Kopfschmerzen, Konzentrationsmängel und schlechte Laune. Wer zu wenig trinkt, schränkt seine Leistungsfähigkeit deutlich ein. Ernährungsexperten sind sich einig, dass schon bei geringem Flüssigkeitsmangel das Kurzzeitgedächtnis merkbar nachlässt. Schulanfänger brauchen mindestens 1,5 Liter Flüssigkeit pro Tag. Auf das Durstgefühl ist leider nicht immer Verlass. Denn oft meldet es sich erst dann, wenn der Körper wirklich schon um Hilfe ruft.

### Richtig wichtig: die optimale Ernährung für die Schule

Jeder weiß, dass ein Frühstück guttut. Und doch verlässt etwa jedes siebente Kind am Morgen die Wohnung mit leerem Magen. Viele Kinder haben morgens keinen Appetit oder sind zu spät dran, um noch in Ruhe zu frühstücken. Und das ist genau der Punkt: Das gesündeste Frühstück wird erst wirklich rundherum gesund, wenn es in Ruhe gegessen werden kann. Für ein gemeinsames, entspanntes Frühstück am Morgen müssen zwar alle eine halbe Stunde früher aufstehen, aber es bringt positive Energie und eine optimale Grundlage für geistige und körperliche Leistung.

Bei Kindern, die trotz aller Bemühungen am Morgen nichts essen wollen, hilft natürlich kein Zwang. Dann lassen Sie Ihr Kind ein Glas Tee oder Fruchtsaft trinken und geben ihm mehrere leckere Zwischenmahlzeiten für die Pausen mit, am besten in kleine Stücke zerteilt.

Denn gesunde, lecker hergerichtete Pausensnacks sorgen für bessere Konzentration, gute Laune und erinnern die Kinder daran, dass Mama oder Papa an sie gedacht haben. Ungünstig ist es, wenn Ihr Kind statt eines gesunden Pausenbrots ein paar Euro in der Tasche hat. Dann werden im Heißhunger beim nächsten Kiosk meist Chips, Schokokekse oder Gummischlangen gekauft, die den Blutzuckerspiegel kurzfristig in die Höhe treiben, aber langfristig müde und träge machen.

## Ein guter Platz zum Lernen

An einem fixen, vertrauten Arbeitsplatz, den Sie gemeinsam ausgesucht und liebevoll gestaltet haben, kann Ihr Kind das Beste aus sich herausholen. Der schönste Schreibtisch und das luxuriöse Kinderzimmer nützen nichts, wenn das Schulkind sich dorthin abgeschoben und einsam fühlt. Besonders Schulanfänger sind gerne in Mamas oder

Papas Nähe. Auch der Esstisch oder der Küchentisch können gute Orte für Hausaufgaben sein, wenn sie ruhig sind und keine anderen Dinge wie Gläser oder Geschirr herumstehen. Langfristig ist ein eigener Schreibtisch aber die bessere Alternative, weil er klar für die Arbeiten des Kindes reserviert ist und nicht immer wieder alles weggeräumt werden muss. Bestimmen Sie auf jeden Fall den Lernort gemeinsam.

## Eine gesunde Haltung

Kinderärzte klagen immer öfter über Haltungsschäden bei jungen Menschen. Zu wenig Bewegung, aber auch schlechte Sitzgelegenheiten führen bei Kindern, deren Körper noch im Wachsen ist, sehr schnell zu Rücken- und Nackenproblemen. Ein guter Arbeitsstuhl, der individuell angepasst werden kann, ist wichtig. Der Tisch, wenn möglich mit leicht schräger Arbeitsfläche, sollte wie der Stuhl immer an die Größe des Kindes angepasst werden können. Kinder, die hie und da auch gerne entspannt auf dem Boden liegen, dort lesen und lernen, sollen dies ruhig tun, wie Orthopäden empfehlen. Zwischendurch die Haltung verändern, den Ort wechseln oder auch mal auf der Wohnzimmercouch das Einmaleins wiederholen, schafft Abwechslung und ist gut für den jungen Körper. Bei allen Routinen und Gewohnheiten dürfen individuelle Bedürfnisse nicht verloren gehen.

## Gute Rahmenbedingungen schaffen

Ein guter Lernort sollte möglichst abgeschirmt sein von Geschwistern, Fernsehen, Handy und anderen Störfaktoren. Wenn manche Geräusche nicht beeinflussbar sind, tun oft Ohrstöpsel oft gute Dienste. Denn das Baby, das quengelt, der Nachbar, der laut

### Die ABC-Regel: Aktuelle Bedürfnisse checken

Körperliche Bedürfnisse wie Hunger, Durst oder das Gefühl eines überfüllten Magens erschweren den Beginn einer Lernphase. Zu einer guten Routine gehört auch der gewohnheitsmäßige Gang zur Toilette, bevor es ans Arbeiten geht. Das erspart schnelle Unterbrechungen oder unruhiges Hin- und Herzappeln. Also: Erst einmal die Grundbedürfnisse befriedigen, dann klappt's auch mit dem Lernen.

bohrt, oder die Katze, die ständig miaut, lenken sicher früher oder später ab. Die ruhige Anwesenheit eines anderen Erwachsenen in der Umgebung des Schülers, der still einer eigenen Beschäftigung nachgeht, stört nicht. Im Gegenteil: Das vertraute Geräusch von Mamas Tippen auf der Computertastatur im Nebenzimmer kann sogar anregend wirken.

Wenn Ihr Kind gerne bei leiser angenehmer Musik arbeiten will, ist prinzipiell nichts dagegen einzuwenden. Konzentrationsfördernd wirkt jedoch nur Instrumentalmusik. Texte und Worte stören eindeutig die Hirnleistung.

## Flexible Ordnung

Eine aufgeräumte Umgebung und eine geräumige Arbeitsfläche helfen dabei, die Übersicht zu bewahren. Aber machen Sie keine Ideologie und schon gar keinen Machtkampf daraus. Es gibt auch Schüler, die fühlen sich im Chaos wohl und finden alles in ihrer Unordnung, auch wenn Sie längst den Überblick verloren hätten. Akzeptieren

Sie die Ordnung des Kindes und zwingen Sie ihm nicht Ihre eigene Sichtweise auf. Solange es sich selbst auskennt, ist alles bestens. Aber helfen und strukturieren Sie, wenn Unsicherheiten auftreten. Das ist vor allem bei Schulanfängern wichtig.

Alle notwendigen Dinge, wie Bücher, Stifte, Spitzer und Hefte, sollten griffbereit liegen. Sonst muss Ihr Kind oft unterbrechen, um die Sachen zu suchen, die es braucht. Innere Ordnung, Ruhe und Konzentrationsfähigkeit hängen auch mit äußerer Übersicht zusammen. Dann macht der Start oft richtig Spaß!

### Vor dem Start: einen Überblick verschaffen

Da die Ressource Zeit knapp ist, sollte sie nicht verschenkt werden. Manche Kinder setzen sich zwar brav zum vereinbarten Zeitpunkt an den Schreibtisch, rätseln aber dann lange herum, was sie tun und lernen und womit sie beginnen sollen. Sie wissen nicht, wo das dumme Heft mit den Hausaufgaben geblieben ist. Sie wühlen in der Schultasche, stellen Vermutungen an und werden zunehmend lustloser und unwilliger. Vor allem Schulanfänger haben noch wenig Ahnung von Zeitstruktur und Lernorganisation.

· · · · · · · · · · · · · · · · · · · · · · · · · · · · · · · · · · · · · · · · · · · · · · · · · · · · · · · · · · · · · · · · · · · · · · · · · · · · ·

**Viola**, 37, Mama von Emily

## Emily ist total chaotisch

» *Seit ein paar Monaten geht Emily in die 1. Klasse. Sie hat sich sehr auf die Schule gefreut und geht auch immer noch gerne hin. Aber am Nachmittag beginnt das Drama: Obwohl sie in der Schule gut mitkommt, fängt sie oft einfach nicht mit den Hausaufgaben an. Einmal fehlt ein wichtiges Heft, ein andermal ist der Stift verschwunden, das Buch für die Leseaufgabe ist in der Schule liegen geblieben oder Emily hat das Lesebuch zwar mit nach Hause genommen, aber keine Ahnung, welche Textstelle sie üben soll.*

*Ich bin mir sehr unsicher, wie ich reagieren soll. Soll ich meine Tochter in ihrem Chaos sich selbst überlassen und hoffen, dass sie irgendwann von selbst lernt, sich Ordnung und einen Überblick zu verschaffen? Soll ich sie schimpfen? Oder soll ich ihr helfen?* «

· · · · · · · · · · · · · · · · · · · · · · · · · · · · · · · · · · · · · · · · · · · · · · · · · · · · · · · · · · · · · · · · · · · · · · · · · · · · ·

Hier ist Hilfe gefragt, bevor die Motivation verloren geht. Lassen Sie Ihr Kind nicht hängen, wenn es verzweifelt ist, weil es trotz allen Bemühens nicht weiß, was zu tun ist, und gerade gar keinen Überblick über die Hausaufgaben gewinnt. Denn auch Selbstorganisation muss gelernt werden, und das geht nicht von heute auf morgen. Rufen Sie zum Beispiel einen anderen Elternteil aus der Klasse an, um an die Informationen zu kommen. Machen Sie Ihrem Kind keine Vorwürfe, aber zeigen Sie deutlich, dass Hilfestellungen dieser Art keine Dauereinrichtung sind. Besser Sie überlegen in einer ruhigen Minute gemeinsam, wie Ihr Kind seine Sachen besser organisieren könnte: »Wo könntest du das Hausaufgabenheft täglich in der Schultasche verstauen, damit du es

## Energiekicks für Lernzeit

Es macht Spaß, die Lernzeit mit schönen Ritualen und Energieübungen zu beginnen und zu beenden.

### Duftende Lernhilfe

Die meisten Menschen können sich in einer wohlriechenden Umgebung besser konzentrieren. Suchen Sie gemeinsam mit Ihrem Kind einen Lieblingsduft für eine Duftlampe aus. Ihr Kind darf die Lampe zu Beginn der Lernzeit selbst anzünden. Das Ausblasen der Flamme signalisiert dann das Ende der Lernzeit.

### Erfrischt starten

Ein einfaches, aber sehr wirkungsvolles Ritual ist das Waschen von Gesicht, Händen und Unterarmen vor dem Arbeiten. Wechseln Sie dabei die Wassertemperatur von warm zu kalt oder kühl und umgekehrt. Dann rubbelt sich das Kind trocken, so fest es möchte. Das mobilisiert Energie!

### Die Fingerpumpe

Besonders vor dem Schreiben tut es den Fingern gut, wenn sie aufgeweckt werden. Dazu macht das Kind ein paar Mal eine feste Faust und öffnet und schließt diese ganz schnell: auf–zu–auf–zu. Anschließend werden die Hände ausgeschüttelt, dabei immer langsamer werden. Zum Schluss werden die Hände noch so abgerieben, als würde man sie einseifen. Das lockert die Gelenke, mobilisiert Energie und hilft zu einer schönen Schrift.

---

nicht vergisst? Wie willst du dir morgen die Leseaufgabe im Buch kennzeichnen, damit du zu Hause weißt, was zu üben ist? Magst du ein buntes Bändchen am Handgelenk, das dich in der Schule daran erinnert, alle Hefte einzupacken?

Wenn viele andere Kinder der Klasse regelmäßig auch ratlos sind und nicht wissen, was daheim zu tun ist, liegt die Ursache vermutlich am Lehrer, der die Aufgaben nicht klar genug erklärt hat. Dann hilft nur ein Gespräch mit ihm.

## Lernfit durch Licht, Luft und Wasser

Gute Beleuchtung am Arbeitsplatz ist wichtig. Lernen im Tageslicht fällt am leichtesten. Optimal ist es, wenn bei einem rechtshändigen Kind das Licht von links kommt und bei einem linkshändigen Kind umgekehrt. Beim Lernen am Abend ist eine Tageslichtlampe am Arbeitsplatz die beste Alternative.

Frische Luft hilft der Konzentration auf die Sprünge. Das Gehirn benötigt Sauerstoff, um nicht zu ermüden. Deshalb immer wieder lüften und gewohnheitsmäßig vor dem Lernen ein paar tiefe Atemzüge bei geöffnetem Fenster nehmen. Der Raum sollte gut temperiert, aber nicht zu warm sein, denn das macht müde.

Ganz wichtig für Gehirn und Körper ist ausreichend Flüssigkeit. Wasser oder Tee sollten immer griffbereit bei den Lernmitteln stehen, am besten in einer Trinkflasche, dann sind unliebsame Überschwemmungen ausgeschlossen.

# Dauerthema Hausaufgaben

Stress mit den Hausaufgaben gibt es in vielen Familien fast jeden Tag. Aber das muss nicht sein. Versuchen Sie die Ursache zu finden – das ist schon die halbe Lösung.

Hausaufgaben sind sehr umstritten. Die meisten Pädagogen halten Hausaufgaben in Maßen für sinnvoll und wichtig. Sie dienen der Wiederholung, sind Lernkontrolle und Bestandteil der Note. Oft zeigen sich erst bei den Hausaufgaben die Verständnislücken. Wenn ein Kind in der Schule etwas noch gar nicht verstanden hat und daher auch die Hausaufgabe nicht alleine lösen kann, hilft es vielen Lehrern sehr, wenn die Eltern ins Heft schreiben, dass das Kind hier Probleme hatte. Und wenn ein Kind trotz Bemühens am Nachmittag nicht fertig wird oder die Aufgabe einfach nicht versteht, sollte besser abgebrochen werden. Es nützt niemandem, täglich bis in die Nacht hinein zu lernen oder sich von den Eltern dauerhaft helfen zu lassen. Eine große Offenheit gegenüber den Lehrern diesbezüglich ist sicher für viele Eltern ungewohnt. Aber nur so können Lehrer realistische Vorstellungen davon bekommen, wo Kinder Schwächen haben und gefördert werden müssen. Denn was nützt es, wenn ein Schüler immer mit perfekten Aufgaben in die Schule kommt und dann doch bei Klassenarbeiten schlecht abschneidet, weil er da keine Eltern neben sich hat?

## Streit ist nicht die Lösung

Wenn Ihr Kind sich immer wieder weigert, seine Hausaufgaben zu machen oder mal eine Weile bei der Sache zu bleiben, wenn es immer wieder Streit um dieses alltägliche Thema gibt, dann gilt es, die Lage ruhig zu analysieren und die Gründe für die permanente Abwehr herauszufinden. Warum stellen die Hausaufgaben für Ihr Kind solch ein großes Problem dar? Klar, fast jeder Schüler durchlebt in seiner Schulzeit auch anstrengende Phasen, in denen er mit Hausaufgaben kämpft und viel zu lernen hat. Und je näher die Pubertät rückt, desto öfter probieren Kinder aus, wie viele Regelverstöße die Eltern tolerieren. Auch zeitweises Jammern über Aufgaben ist bei älteren Kindern normal und dient sogar dem Stressabbau. Dadurch wird Dampf abgelassen, Ärger und Frust abgebaut.

Aber wenn diese Phasen kein Ende nehmen und die Aufgaben grundsätzlich zu Diskussionen und Verzweiflung führen, liegen bald auch die Nerven der Eltern blank. Täglicher Streit mit dem Kind verstärkt seinen Widerwillen noch mehr. Appelle an die Einsicht sind leider selten von Erfolg gekrönt. Das Kind ist frustriert, weil die Aufgaben immer wieder seinen Nachmittag ruinieren und die Beziehung zu den Eltern belasten. Jetzt gilt es herauszufinden, warum das Kind so einen übermäßigen Stress mit den Hausaufgaben hat. Denn jedes Kind ist anders, und es gibt viele Gründe für außergewöhnliche Probleme mit den Hausaufgaben.

Elke, 41 Jahre, Mama von Tom

## Jeden Tag der gleiche Frust

*Tom sitzt jeden Tag über eine Stunde lang über seinen Heften. Er stöhnt dann, schaut aus dem Fenster und stützt den Kopf in die Hände. Wenn ich ihn frage: »Was ist los? Warum machst du nicht weiter?«, antwortet Tom: »Ich kann jetzt nicht mehr, ich will endlich raus. Immer sooo viele Hausaufgaben!« Ich spüre häufig, dass Tom wirklich eine Pause braucht, und erlaube ihm meistens, in den Garten zu gehen. Draußen angekommen, nimmt er jedoch sofort sein Handy und ruft Hannes von gegenüber an und bald spielen beide Kinder im Garten. Ich bin ratlos: So hatte ich mir die »kurze« Pause natürlich nicht vorgestellt! Was soll ich in diesen Situationen tun? Soll ich Tom nach ein paar Minuten wieder reinholen? Dann beginnt der Kampf um die Hausaufgaben aufs Neue, denn natürlich ist Tom dann sauer. Oder soll ich ihn einfach lassen? Wenn ich dann sehe, dass die Jungen nur über ihren Smartphones hängen und spielen, platzt mir der Kragen und ich schimpfe: »Komm rein jetzt. Deine Hausaufgaben sind noch nicht fertig!« Erst nach der dritten, nun schon lauten Ermahnung setzt sich Tom mit widerwilligem Gesichtsausdruck in Bewegung. »Warum darf ich nicht draußen bleiben? Hannes darf das auch. Er hat nie so viel auf.«*

*Ich bin total verunsichert: Einerseits will ich nicht streiten, andererseits kann es auch nicht jeden Tag so weitergehen. Tagein, tagaus dasselbe, kein einziges Mal in den letzten Wochen hat Tom seine Aufgaben ohne Ermahnen oder Streit gemacht. Was soll ich tun? Mache ich vielleicht was falsch?* ◀

# Erste Hilfe gegen Elternstress

Was tun, wenn Sie total genervt sind von Ihrem Kind? Wenn Sie kurz davor sind, es richtig anzuschreien? Machen Sie besser schnell ein paar Anti-Stress-Übungen!

Familien heute sind mit einer Menge Anforderungen konfrontiert, die Kinder aus der Schule mitbringen. Nicht immer reicht die Zeit bei uns Erwachsenen aus, um den eigenen Stress beim Sport oder mit anderen angenehmen Beschäftigungen abzubauen. Im Notfall helfen auch kurze, effektive Übungen.

## Mit Anspannung entspannen

Beginnen Sie damit, dass Sie Ihre Hände zu Fäusten ballen und dann langsam wieder öffnen. Machen Sie diese Übung ein paar Mal hintereinander und achten Sie dabei auf fließenden Atem. Wenn das nicht reicht, können Sie auch andere Muskelgruppen entspannen: Bauch fest einziehen und langsam loslassen, die Zehen ballen und langsam lockern – seien Sie kreativ. Spüren Sie nach, wie gut es tut, Anspannungen loszulassen.

Diese Übung funktioniert im Stehen, Gehen, Sitzen oder Liegen. Sie können sie zu Hause, im Büro oder im Bus durchführen. Am Ende stellen Sie sich vor, in Ihrem Inneren breiten sich Wärme und Ruhe in Form ihrer Lieblingsfarbe aus.

## Stress weg durch Handkantenschlag

Schlagen Sie mit einer Handinnenfläche gegen die Handkante der anderen Hand. Dabei denken oder sagen Sie drei Mal: »Auch wenn es jetzt gerade schwierig ist, alles kommt in Ordnung.« Lassen die Übung einige Sekunden in Ruhe und Stille nachwirken, bevor Sie wieder in den Alltag zurückkehren.

**Wirkung:** Entlang der Handkanten verläuft der Dünndarmmeridian. Durch Klopfen, Reiben oder Drücken fühlen sich fast alle Menschen nachher leichter und gelassener.

## Etappenatmung

- Ziehen Sie sich an einen Ort zurück, an dem Sie ungestört sind. Schließen Sie die Augen.
- Atmen Sie durch die Nase ein und zählen Sie dabei in Gedanken bis zwei.
- Halten Sie die Luft an und zählen Sie dabei weiter: drei und vier. Nicht ausatmen!
- Beim erneuten Einatmen zählen Sie wieder zwei weiter, beim Ausatmen auch.

- Atmen Sie mit Zählen auf diese Weise weiter – so lange, bis Ihre Lungen voll sind und Sie nicht weiter einatmen können.
- Atmen Sie dann in einem langen, geräuschvollen Ton langsam durch den Mund aus.
- Stellen Sie sich dabei vor, wie das, was Sie gerade stresst, in der Ferne verschwindet und durch Ihren Atem weggeblasen wird.
- Wenn Sie diese Übung mindestens drei Mal hintereinander machen, werden Sie merken, wie der Stress sich legt.
- Bleiben Sie ruhig und atmen Sie ein paar Mal ganz normal.
- Nun setzen Sie am Ende noch ein kleines Lächeln auf. Für sich selbst. Sie haben es sich verdient!

## Lockerlassen

Atmen Sie langsam ein und spannen Sie dabei so viele Muskeln wie möglich gleichzeitig an: Hände, Arme, Beine, Bauch, Gesäß und auch die Gesichtsmuskeln werden zu einer Grimasse angespannt. Wenn es nicht mehr stärker geht, halten Sie kurz die Luft an.

Atmen Sie anschließend langsam aus und spüren Sie, wie alle Muskeln sich lockern und total entspannen. Lockern Sie bewusst auch die Kiefermuskulatur, indem Sie leicht den Mund öffnen.

## Der Entspannungskamm

Spreizen Sie die Finger und fahren Sie sich damit mehrmals durch das Haar über den Kopf. Diese Art Massage kennen Sie wahrscheinlich vom Friseur. Das entspannt sofort, vor allem wenn Sie dabei die Augen schließen. Legen Sie am Ende beide Hände in den Nacken, lassen Sie den Kopf darauf ausruhen und atmen Sie tief durch. Durch die Massage der Kopfhaut werden gleichzeitig viele Meridiane – Energiebahnen – angeregt und positiv stimuliert.

## Übrigens …

Diese Übungen helfen Erwachsenen und Kinder, den Alltagsstress gut in den Griff zu bekommen!

### Fühlt sich Ihr Kind oft überfordert?

Geht es anderen Kindern aus der Klasse auch so? Kommen viele Kinder in der Klasse nicht mit? Wird einfach zu viel aufgegeben? Oder hat nur Ihr Kind ein Problem?

Nehmen Sie Kontakt zu anderen Eltern auf und klären Sie, ob mehrere Schüler der Klasse ähnlich gravierende Schwierigkeiten mit den Hausaufgaben haben. Ist das der Fall, liegt die Ursache für den Hausaufgaben-Stress nicht nur bei Ihrem Kind, sondern vor allem beim Lehrer. Vielleicht sind die Aufgaben zu umfangreich, wurden nicht gut erklärt oder ergeben sich nicht aus dem täglichen Unterricht. Dann ist es auf jeden Fall wichtig, sich mit anderen Eltern gemeinsam an den Lehrer oder die Lehrerin zu wenden. Information und gemeinsame Lösungsstrategien sind dann das Thema der Besprechung.

Auch wenn nur Ihr Kind gravierende Probleme bei den Hausaufgaben hat, warten Sie nicht bis zum nächsten Elternsprechtag. Am besten ist es, wenn Sie gemeinsam mit Ihrem Kind einen Termin beim zuständigen Lehrer ausmachen. Drohen Sie aber nicht mit dem Lehrer, sondern reden Sie Klartext: »Wir kommen aus dem Streiten um die Hausaufgaben nicht mehr raus. Ich weiß auch keine Lösung und so kann es einfach nicht weitergehen. Ich möchte mit dir gemeinsam mit dem Lehrer sprechen.«

### Ist Ihr Kind durch Sorgen blockiert?

Hat Ihr Kind soziale oder emotionale Probleme? Gibt es Streit mit anderen Kindern oder in der Familie? Fühlt es sich in der Schule bloßgestellt oder schlecht behandelt?

Nehmen Sie ein solches Problem ernst. Urteilen Sie nicht und überschütten Sie Ihr Kind nicht mit eiligen Tipps, sonst fühlt es sich unverstanden und zieht sich zurück. Nur Ruhe hilft und stärkt. Etwa so: »Es tut gut zu reden, wenn dir etwas auf der Seele liegt. Die Hausaufgaben können jetzt mal warten.«

### Verzettelt sich Ihr Kind?

Verstreicht der Nachmittag mit Trödeln und Träumen? Fängt Ihr Kind immer wieder Neues an und bringt nichts zu Ende? Ist es oft ratlos, wie es überhaupt an eine Aufgabe herangehen soll?

Dann braucht Ihr Kind eine klare Zeitstruktur. Zerteilen Sie mit dem Kind die Hausaufgabe in übersichtliche Abschnitte. Stellen Sie vor Beginn klärende Fragen: »Worin besteht die Aufgabe genau? Wie könntest du hier vorgehen? Wie bist du in der Schule vorgegangen, und was ist hier anders?«

Lassen Sie sich eine Zeitlang jeden fertigen Abschnitt zeigen und geben Sie dazu ein klares Feedback: »Gut gemacht bisher. Nun mal eine kurze Pause und dann der nächste Teil.« Wenn die Lernzeit verstrichen ist und Ihrem Kind noch etwas fehlt, darf es in der Schule selbst erklären, wieso es dazu gekommen ist. Informieren Sie allerdings den Lehrer von der veränderten Strategie, sonst könnte es sein, dass der »Hausaufgabenball« wieder an Sie zurückgespielt wird.

## Wie viel Hilfe bei Hausaufgaben ist normal?

Natürlich sollte ein Kind seine Hausaugaben alleine machen. Aber alle Theorie ist grau und der Alltag sieht oft ganz anders aus. Die Hilfe bei den Hausaufgaben ist oft ein Balanceakt zwischen Zuviel und Zuwenig. Kinder müssen lernen, sorgfältig und selbständig zu arbeiten, aber auch das geht nur schrittweise. Bei einem Schulanfänger sitzen Mutter oder Vater oft noch dabei oder sind ganz in der Nähe, um Fragen zu beantworten. Das gibt Sicherheit.

Wenn Vater oder Mutter zwar sagen: »Mach deine Hausaufgaben«, sich aber weiter nicht darum kümmern, geht das in den seltensten Fällen gut. Zu viel Nachfragen und automatisierte Hilfe hingegen macht Kinder abhängig von den Erwachsenen.

Gute Unterstützung bedeutet, das Kind zur Eigenverantwortung zu erziehen. Fragen wie »Magst du mir deine Hausaufgaben zeigen?« oder »Ich kontrolliere gerne, wenn du fertig bist« oder »Gibt es etwas, wobei ich dir helfen soll?« zeigen Interesse, erziehen das Kind aber dennoch zu Selbständigkeit.

Vor allem bei älteren Kindern müssen nicht automatisch und sofort die Eltern ran. Ein anderes Kind der Klasse anzurufen, bringt oft viel mehr. Erstens haben Gleichaltrige eine ganz eigene Art, sich Sachen gegenseitig verständlich zu erklären, und zweites lernt der Nachwuchs, sich selbst Hilfe zu organisieren.

### Zu viel des Guten ist schlecht

Es soll auch Eltern geben, die die Latte zu hoch legen. Sie entwickeln außergewöhnlichen Ehrgeiz und bestehen zum Beispiel darauf, dass Ihr Sprössling die Aufgabe so oft schreibt, bis auch der letzte i-Punkt stimmt, auch wenn es schon fast Mitternacht ist. Sie lernen täglich mit Ihrem Kind, auch wenn die Leistung nicht besser sein könnte. In den USA und mittlerweile auch bei uns

spricht man immer öfter von den sogenannten »Helikopter-Eltern«, die zum Beispiel ein 10-Minuten-Referat über Wühlmäuse mit fünf Folien, einem Lernquiz und drei Handouts garnieren.

Sehr oft wenden sich Kinder solcher überehrgeizigen Eltern früher oder später in eine komplett andere Richtung oder geben in der Pubertät Anlass zu großer Sorge. Eltern, die ihre Kinder von einem Leistungs-Höhepunkt zum anderen treiben, überschreiten – oft mit bester Absicht – die Grenze zwischen Fördern und Überfordern. Viele Studien zeigen: Je höher und andauernder der Leistungsdruck auf Kinder ist, desto eher kommt es irgendwann im Schülerleben zu psychischen Problemen.

## Auf einen Blick: Tipps für stressfreie Hausaufgaben

Machen Sie es sich zur Gewohnheit, jede Unterstützung so anzubieten, dass sie vor allem Hilfe zur Selbsthilfe ist.

- Etablieren Sie einen festen Aufgabenrhythmus. Aber Achtung: Planungshilfen sind nicht dazu da, den Tag mit Terminen »vollzustopfen«. Im Gegenteil: Eine klare Zeitstruktur soll Ihr Kind dabei unterstützen, Zeit für wichtige Freiräume zu schaffen und diese dann auch bewusst einzuhalten.
- Erklären Sie Ihrem Kind, dass Sie ihm selbständiges Arbeiten zutrauen, aber sagen Sie ihm auch: »Wenn du nicht weiterkommst, kannst du mich fragen.« Bieten Sie eine Ergebniskontrolle an: »Wenn du willst, schaue ich mir deine Hausaufgaben später an. Ich mache das gerne.«
- Loben Sie auch kleine Lernetappen, vor allem bei unsicheren Kindern und Schul-

anfängern. »Fein, der erste Teil ist schon gut gelungen!«

- Fragen Sie immer erst einmal genau nach, bevor Sie helfen: »Wie hast du das gerechnet?«, »Zeig mir, bis wohin du alleine klar gekommen bist.«
- Geben Sie konkrete Hinweise, wenn Ihr Kind einen Fehler selbst nicht finden kann: »Du hast zwar 150 errechnet, aber nur 15 aufgeschrieben.«
- Beschränken Sie intensives gemeinsames Üben und Danebensitzen auf Ausnahmen, wie nach einer längeren Krankheit des Kindes oder bei besonders schweren Aufgaben. Wenn Sie mehrere Lernschritte gemeinsam vollziehen, achten Sie darauf, dass Sie sich so weit wie möglich zurückhalten und Ihr Kind so viel denken, rechnen und formulieren lassen, wie es ihm möglich ist. Lehnen Sie sich sofort zurück, wenn Ihr Kind alleine weitermachen kann.
- Fragen Sie: »Willst du mir die Hausaufgabe erklären?« Vielen Kindern und Jugendlichen hilft es sehr, wenn sie die Aufgabe oder die einzelnen Arbeitsschritte verbalisieren dürfen. Auf diese Weise kommen sie selbst zu Klarheit, Struktur und einem inneren Plan, wie sie vorgehen werden.
- Lassen Sie Ihr Kind mit kurzen, einfacheren Aufgaben starten. So kommt es schneller zu Erfolgen. Denn jeder »Hänger« nimmt auch ein Portion Energie.
- Falls Sie sich in einem Teufelskreis mit Hausaufgaben befinden: Beenden Sie den Streit um die Aufgaben mit Handschlag. Schließen Sie »Waffenstillstand« und nehmen Sie sich zurück. Wenn keine unangenehmen Gefühle mit an den Schreibtisch geschleppt werden, löst sich die Blockade oft von selbst.
- Wenn alles nichts hilft, lohnt es sich vielleicht, über eine professionelle Lernhilfe (Seite 69) nachzudenken. Besser eine kurze Unterstützung von außen als eine dauerhaft belastete Beziehung zu Ihrem Kind.

## Hausaufgaben für Eltern

Auch mit bestem Willen und super Zeitmanagement ist es nicht möglich, Kinder immer perfekt durch die Schule zu schleusen. Und Eltern haben durchaus auch noch andere Aufgaben, als die Hausaufgaben ihrer Kinder zu überwachen. Außerdem schaffen Kinder meist mehr allein, als wir ihnen zutrauen.

Deshalb ist es ganz wichtig, dass wir Erwachsenen lernen, dass Schule und Lernen die Sache der Kinder sind. Unsere Aufgabe ist es, einen guten Rahmen herzustellen und die Selbständigkeit zu fördern, damit andere Dinge auch noch genug Platz im Familien- und Privatleben haben.

Wenn Eltern gut für sich selbst sorgen, profitieren auch die Kinder davon. Denn einem Kind tut es nicht gut, wenn erschöpfte Eltern ungeduldig neben ihm sitzen.

## Pausen sind wichtig

Pausen zählen zum Lernen dazu und müssen in die Lernzeit eingerechnet werden. Sie sind ein wichtiger Teil des Lernprozesses. Nur so kann der Stoff dauerhaft im Gehirn verankert werden. Pausenzeit dient einerseits der Erholung und andererseits dem Speichern des neuen Wissens. Wenn Kinder ohne Pausen in einem durch lernen, wird der jeweils vorige Lerninhalt vergessen bzw. vom neuen Stoff überlagert. Die Merkfähigkeit wird reduziert.

Sechsjährige können sich nur etwa 10 bis 15 Minuten am Stück richtig gut konzentrieren, dann brauchen sie eine kurze Pause. Neunjährigen halten schon 20 bis 30 Minuten durch und ab 12 Jahren können Schüler mehr als 30 Minuten konzentriert arbeiten. Aber aufgepasst: Diese Zeitangaben beziehen sich auf ausgeruhte Kinder! Ausgelaugte, müde, gestresste oder gar kranke Schüler schaffen oft nicht mal ein paar konzentrierte Minuten. Zu langes, zu intensives Lernen, vor allem in letzter Sekunde, ist übrigens sehr destruktiv, weil es oft bereits bestehende Gedächtnisinhalte völlig durcheinanderbringt.

### Die innere Uhr beachten

Jedes Kind hat bestimmte Zeiten, zu denen es besonders leistungsfähig ist. Der Schulbetrieb kann sich leider nicht auf jeden individuellen kindlichen Biorhythmus einstellen. Aber beim Lernen zu Hause können wir die innere Uhr unserer Kinder beachten. Hier lohnt es sich, genauer hinzuschauen. Wann hat Ihr Kind seine Hochphasen? Wann ist es gewohnheitsmäßig müde? Kann und will es möglichst schnell das Lernpensum erledigen und schafft das auch gut oder braucht es zuerst mal Zeit, um sich auszutoben bzw. zu entspannen, ehe es mit dem Lernen beginnen kann? Beobachten Sie Ihr Kind und finden Sie gemeinsam heraus, wann es sein Leistungshoch hat. In energiereichen Hochphasen fällt die Arbeit viel leichter.

### Anzeichen von Ermüdung spüren

Schulanfänger verlangen selten aktiv nach Pausen, sondern sie zeigen mit ihrem Verhalten, wenn sie ermüden. Achten Sie mal darauf: Ihr Kind liest dann dieselbe Zeile immer wieder, macht mehr Flüchtigkeitsfehler oder lümmelt müde vor sich hin. Schärfen

Sie auch die Selbstbeobachtung Ihres Kindes, zum Beispiel indem Sie sagen: »Wie fühlst du dich, wenn du fit bist? Und woran merkst du, dass es schwerer geht und du müde wirst?«

Unterbrechen Sie Ihr Kind beim Lernen aber nicht nach der Stoppuhr, sondern besser dann, wenn es sich vom Inhalt her anbietet. So ist es sinnvoller, eine Aufgabe noch kurz fertig zu rechnen und erst dann Pause zu machen, als die Aufgabe hinterher von Neuem anzufangen.

Kinder unterbrechen auch manchmal, weil sie unbedingt kurz etwas erzählen oder schnell den Papa anrufen möchten, um ihm von dem guten Test zu berichten. Wenn es wirklich nur kurz ist, lockert es die Lernsituation auf und ist eine kleine Pause.

### Wem gehören die Hausaufgaben?

Fragen Sie sich doch selbst einmal in aller Ruhe: Wem gehören eigentlich die Hausaufgaben meines Kindes? Mir oder meinem Kind?
Wenn Sie häufig Sätze wie »**Wir** haben immer viel in Deutsch zu tun« oder »**Unsere** Lehrerin gibt wirklich viel auf« oder »**Wir** müssen heute noch Mathe machen, weil **wir** morgen einen Test schreiben« verwenden, haben Sie das Thema Hausaufgaben vermutlich in Ihren Besitz genommen. Vergessen Sie nicht: **Ihr Kind** hat viel auf und es ist **seine** und nicht Ihre Lehrerin! Sagen Sie sich innerlich eine Art Mantra vor »Mein Kind (Name einsetzen) kann seine Arbeiten selbst machen. Ich vertraue ihm!« «

# Pausen mit Power

Zum Lernen gehören Pausen unbedingt dazu. Wichtig ist, dass Ihr Kind in den Pausen neue Kraft tankt. Es gibt ganz verschiedene Möglichkeiten für eine gute Unterbrechung!

Lernpausen könne unterschiedlich lang sein und ganz verschieden ausgefüllt werden. Lassen Sie Ihr Kind selbst entscheiden, was es in der Pause machen möchte. Es weiß, was ihm gerade guttut. Nachfolgend finden Sie einige Möglichkeiten, wie Ihr Kind seine Pausen sinnvoll verbringen kann. Übrigens: Vieles tut auch Eltern gut, probieren Sie es aus!

## Verschnaufpausen

Nach einer sehr konzentrierten Lernphase, manchmal schon nach ein paar Minuten, reicht eine kurze Verschnaufpause. Ein bis zwei Minuten zum tiefen Durchatmen, Körperstrecken, Wassertrinken oder um eine kurze, energiebringende Übung zu machen. Zum Beispiel:

**Nackenrollen:** Lass den Kopf nach vorne hängen und rolle ihn langsam von einer Schulter zur anderen. Entspanne dich dabei und atme tief aus.

**Energiegähnen:** Tu so, als ob du gähnen müsstest. Lege die Fingerspitzen auf alle angespannten Stellen, die du am geöffneten Kiefer spüren kannst. Gähne ein paar Mal laut oder tu so, als würdest du ganz laut gähnen. Streiche dabei sanft die Anspannung aus der Kiefermuskulatur fort. So kommt Sauerstoff in dein Gehirn.

**Schnüffelatmung:** Atme durch den Mund aus und dann durch die Nase ein. Aber tu das in ganz kleinen Etappen, so als ob ein Hund schnüffelt. Dabei richte dich auf. So kommt Sauerstoff in deine Lunge und in dein Gehirn.

**Klare Sicht:** Schließe die Augen für ein paar Sekunden und lege deine Handflächen darüber. Genieße die Ruhe und Dunkelheit. So erholen sich dein Gehirn und deine Augen. Nachher siehst du wieder ganz klar.

## Entspannungspausen

Nach längeren Konzentrationsphasen brauchen nicht nur Kinder auch längere Pausen von 5 bis 10 Minuten. Aufstehen, den Arbeitsplatz verlassen, herumgehen oder frische Luft schnappen und den Raum durchlüften sorgen für neue Energie. Auch eine Kleinigkeit essen tut oft gut.

die Schnüffel-atmung

## Bewegungspausen

Langes Sitzen ist besonders für Kinder sehr anstrengend und sie brauchen Bewegung. Neben Umhergehen oder auch Hüpfen lassen sich Überkreuzbewegungen schnell und überall machen. Das sind Bewegungen über die Körpermittellinie hinweg. Dadurch wird nach Ansicht vieler Lernexperten das Zusammenspiel der linken und rechten Gehirnhälfte gefördert. Die Kommunikation zwischen den beiden Gehirnhälften ist wichtig für leichtes und effizientes Lernen. Außerdem machen Überkreuzbewegungen Spaß, sie fördern die Körperkoordination und sind ein lustiges Ritual, um Lernphasen aufzulockern oder einzuleiten.

**Der Kreuztanz:** Bewege den rechten Ellenbogen zum linken Knie und umgekehrt. Versuche so zu gehen, zu hüpfen oder marschiere so auf der Stelle. Mit Musik macht's noch mehr Spaß und die Bewegung wird fließend oder auch schneller.

So erholt sich dein Körper so richtig vom langen Sitzen.

Wenn du willst, versuche das Ganze auch an deinem Rücken mit den Fersen und Handflächen: Die rechte Handfläche berührt die linke Ferse des nach hinten gehobenen Beines und dann umgekehrt. Wenn du das schnell hintereinander schaffst, bist du topfit. Gratuliere! Und es ist ein Zeichen, dass dein Gehirn gut arbeitet.

**Katze und Pferd:** Knie dich auf allen vieren auf den Boden. Nun mach den Rücken so krumm wie eine Katze, die gerade faucht. Lass dabei auch den Kopf sinken. Du kannst auch laut fauchen und dabei die Luft ablassen. Lass den Rücken nach ein paar Sekunden so tief sinken, als wärst du ein Pferd, das gerade einen Reiter aufsteigen lässt. Deinen Kopf streckst du dabei nach oben und atmest ein. Wiederhole diese beiden Bewegungen und spüre nach, wie gut die Übung deinem Rücken tut.

# Sorgen, Misserfolge und Durchhänger

In der Schule erleben Kinder die ganze Bandbreite ihrer Gefühle: Von Angst über Begeisterung und Freude bis zu Enttäuschung, Unsicherheit und Zorn ist alles dabei.

Manche Emotionen wird Ihr Kind mit sich selbst ausmachen. Und je älter es wird, desto mehr wird es versuchen, alleine damit klarzukommen. Wenn das gelingt, dann wachsen das Selbstwertgefühl und das Vertrauen in die eigene Kompetenz.

## Kleine Sorgen sind normal

Die folgenden Beispiele zeigen ganz normale Sorgen von Schulkindern, die vielen Eltern vielleicht banal erscheinen, die Kinder aber stark beschäftigen können:

- Anne bemerkt auf dem Schulweg, dass sie ihr wichtigstes Heft zu Hause vergessen hat. Sie spürt es heiß und kalt aufsteigen, wenn sie daran denkt, und sieht jetzt schon das enttäuschte Gesicht ihre Lieblingslehrerin vor sich. In der Schule gibt sie sich einen Ruck und erzählt von sich aus, was passiert ist. »Schön, dass du so ehrlich bist!«, reagiert die Lehrerin.
- Nina war beim Frisör. Er hat eindeutig mehr Haare weggeschnitten, als sie wollte. Jetzt hat sie Angst, die Klasse zu betreten und ausgelacht zu werden. Mit Herzklopfen betritt sie die Schule.
- Mehmet geht gerne zur Schule, aber es ist ihm peinlich, aufgerufen zu werden. Er hat Schwierigkeiten mit der deutschen Sprache und kann nicht alles ausdrücken, was er weiß. Er meldet sich dennoch und freut sich, als der Lehrer ihn lobt.
- Mike kann nicht einschlafen. Er hat in allen Biologietests schlechte Noten geschrieben. Um keinen Ärger zu bekommen, hat er seinen Eltern die Tests nicht gezeigt. Morgen ist Elternsprechtag. Er weiß nicht, wie er das jetzt seinen Eltern beichten soll, bevor sie es dort erfahren.

Manche Sorgen sind hilfreich und weisen auf mögliche Gefahren hin. Sie zeigen Kindern, wo sie aufpassen müssen oder etwas verändern sollten, oder erinnern sie daran, dass mehr Einsatz nötig ist, um Erfolg zu haben. Jedes Mal, wenn so eine Schwierigkeit überwunden wird, eine Angst verschwindet und eine Sorge sich auflöst, wächst das

reagieren sie mehr mit ihrem Körper oder mit ihrem Verhalten. Der Körper wird dann zur Bühne der Seele. Sie klagen über Beschwerden, wie Bauch- oder Kopfweh, können schlecht schlafen oder zeigen sich unselbständig. Wir können Kindern Sorgen, Kummer und Stress nicht gänzlich ersparen, aber wir können ihnen helfen, sie als Teil des Lebens zu akzeptieren und damit umgehen zu lernen.

## Wie können wir unseren Kindern helfen?

Sorgen, Ängstlichkeit und kleine Pannen sind ein Zeichen, dass etwas verändert werden muss. Wenn Kinder das nicht alleine schaffen, brauchen sie die Unterstützung von uns Erwachsenen.

Vertrauen unserer Kinder in die eigenen Fähigkeiten.

Häufig können Kinder ihre Gefühle noch nicht klar benennen oder fürchten, dass sie ihren Eltern Sorgen machen. Deshalb schweigen sie oft, auch wenn ein Kummer schwer auf dem Herzen liegt. Manchmal

### Das Durchhaltevermögen trainieren
Durchhalten ist eine ganz wichtige Eigenschaft, die wir unser ganzes Leben lang brauchen.

Tom, 39, Papa von Phillipp
### Man muss ihn halt mehr motivieren

>> *Phillipp konnte schon vor der Einschulung lesen und schreiben. Lange Zeit ist ihm alles in den Schoß gefallen. Jetzt ist Phillipp in der 3. Klasse und seine Leistungen lassen nach. Wenn wir ihn darauf ansprechen, reagiert er trotzig, weil er gewohnt ist, alles ohne besondere Mühe zu schaffen. Aufpassen und Hausaufgaben empfindet er jetzt als lästig und anstrengend. Und er geht nicht mehr gerne in die Schule. Wir versuchen, ihn mit kleinen Belohnungen zu motivieren, seine Hausaufgaben zu machen. Und damit er bessere Noten schreibt, bekommt er als »Vorschuss« ein neues Fahrrad. Jetzt hat uns die Lehrerin informiert, dass Phillipp bei kleinen Schwierigkeiten sofort aufgibt und beleidigt reagiert. Ich kann gar nicht verstehen, was mit Phillipp los ist. Wahrscheinlich langweilt er sich ganz einfach im Unterricht und müsste auch von der Lehrerin besser motiviert werden. Ich weiß nicht, was wir jetzt noch tun sollen.* <<

Phillipp wird verwöhnt, er bekommt sogar Belohnungen für etwas, was er noch gar nicht getan hat. Ihm würde aber die Erfahrung guttun, dass ihm nicht alles in den Schoß fällt. Sein Durchhaltevermögen ist im Vergleich zu seiner Begabung gering und braucht Übung. Wenn er nicht lernt, sich von sich aus anzustrengen, wird er früher oder später deutlich hinter seinen Möglichkeiten zurückbleiben und nur wenige Herausforderungen annehmen. Auch wenn er Aufgaben ab und zu wirklich langweilig findet, wäre es für ihn eine wichtige Erfahrung, dass er sie trotzdem macht. Sein wichtigstes Lernziel in der nächsten Zeit heißt Durchhalten, auch wenn es nicht immer ganz leicht ist.

### Anerkennung auch für kleine Erfolge

Anerkennung tut uns allen gut, nicht nur unseren Kindern. Manche Kinder brauchen mehr Anerkennung als andere.

........................................

Katrin, 42, Mama von Alina

## Das Üben bringt doch nichts …

>> *Alina hat seit der 1. Klasse Mühe mit Lesen und Schreiben. Eine Kinderpsychologin hat eine gute Begabung, aber auch eine deutliche Lese-Rechtschreib-Schwäche festgestellt und mir gezeigt, wie ich mit Alina gemeinsam üben kann. Alina ist seitdem sehr motiviert und macht neben den Hausaufgaben mit mir täglich ein paar Übungen zur Groß- und Kleinschreibung. Als Alina das letzte Diktat nach Hause brachte, war ich allerdings sehr enttäuscht: Es war wieder so viel falsch, obwohl wir jeden Tag geübt hatten. Das bringt offenbar alles nichts! Beim nächsten Termin habe*

*ich der Psychologin das Heft gezeigt und auch meine Enttäuschung nicht versteckt. Die Psychologin sah sich das Heft an und sagte: »Alina hat doch bei der Groß- und Kleinschreibung viel weniger Fehler gemacht als vorher.« Na ja trotzdem, das Diktat war noch immer richtig schlecht. Das ist doch auf Dauer kein Zustand!* ‹›

........................................

Alina strengt sich an, übt und stellt sich ihren Schwierigkeiten. Trotzdem muss sie viele Misserfolge einstecken, bis sie kleine Erfolge erreicht. Sie hat Lob und Anerkennung für kleine, aber hart erkämpfte Fortschritte nicht nur verdient, sondern auch bitter nötig, um weiter dranzubleiben und ihren guten Willen zu behalten. Dann hat sie gute Chancen, trotz ihrer Schwächen erfolgreich zu sein. Ihre Mutter sollte sie unbedingt ermutigen und das Positive sehen und nicht nur auf die Fehler schauen.

### Kinder müssen lernen, Verantwortung zu übernehmen

Wir alle müssen irgendwann Verantwortung übernehmen. Deshalb ist es wichtig, dass unsere Kinder lernen, dass auch sie schon für bestimmte Dinge selbst verantwortlich sind.

........................................

Theresa, 43, Mama von Nils

## Die Schule macht ihm halt keinen Spaß

>> *Nils geht aufs Gymnasium, ist bereits einmal sitzen geblieben und hat nun auch auf der teuren Privatschule mit intensiver Förderung ein schlechtes Zeugnis. Weil wir wirklich nicht mehr weiterwussten, haben mein Mann und ich eine professionelle*

*Lernberatung für Nils organisiert. Dort wurden wir drei gefragt, weshalb unserer Meinung nach Nils' Leistungen schlecht sind. Schnell waren wir uns einig: Nils strengt sich einfach nicht genug an. Er will seine Freizeit nicht für die Schule hergeben, er macht weder Hausaufgaben, noch bereitet er sich auf Arbeiten vor. Er selbst sagt sogar, dass ihn die Schule nur nervt. Was sollen wir denn machen, wenn die Schule ihm einfach keinen Spaß macht?* ◖◗

Begeisterung, Spaß und Interesse sind die besten Lernhilfen, darin sind sich alle Experten einig. Doch es gibt auch andere Motivationsquellen im Leben. Zahlen Sie als Eltern nur Schulgeld, Miete und Steuern, weil es ihnen Spaß macht? Wenn wir darüber nachdenken, wird schnell klar, dass wir oft aus Verantwortung und Pflichtgefühl heraus handeln.

Nils kann aus seinem Leistungstief nur herauskommen, wenn er Verantwortung übernimmt und daraus seine Motivation ableitet. Er muss selbst aktiv werden und sich überwinden. Ohne die Eigenverantwortung des Kindes läuft gar nichts. Nur was mit eigener Anstrengung erreicht wird, macht dauerhaft stark.

## Gemeinsam gegen die Prüfungsangst

Ein mulmiges Gefühl und eine leichte Anspannung vor schwierigen Tests oder Arbeiten sind unvermeidlich. Das ist ähnlich wie Lampenfieber: Es motiviert und ermöglicht hohe Konzentration. Umso größer ist dann die Freude, es gut geschafft zu haben. Zu viel Angst, Nervosität und Aufregung aber hindern und blockieren das Denken.

Tina, 38, Mama von Charlotte

## Sie hat doch gar keinen Grund zur Sorge

❯❯ *Unsere neunjährige Tochter Charlotte war einige Zeit krank. Dadurch hat sie viel nachlernen müssen. Bei der nächsten Klassenarbeit hat sie eine schlechte Note geschrieben. Alle hatten Verständnis dafür, aber trotzdem ist Charlotte der Schreck in die Glieder gefahren. Normalerweise geht sie locker und gelöst in die Schule, wenn jedoch eine Prüfung ansteht, dann liegen ihre Nerven blank. Sie kann am Abend vorher nicht einschlafen, steigert sich in ein Panikgefühl hinein und klagt über Bauchschmerzen. Beim Test selbst hat sie Denkblockaden: Auch die einfachsten Dinge fallen ihr nicht mehr ein. Wir reden Charlotte immer alle gut zu, trotzdem wird ihre Angst immer stärker. Jetzt sind wir wirklich ratlos. Was sollen wir nur tun?* ◖◗

Prüfungsangst ist eine Blockade, die sowohl beim Lernen als auch in der Prüfungssituation stört. Schon die Angst vor der Prüfungsangst führt zu hoher körperlicher und seelischer Anspannung. Gutgemeinte Ratschläge wie »Denk doch an was Schönes« helfen leider gar nicht. Nehmen Sie solche Ängste Ihres Kindes ernst. Sätze wie »Du brauchst keine Angst vor Englisch zu haben, du bist doch so fleißig!« sind zwar als Beruhigung gut gemeint, helfen aber nicht wirklich.

Besser Sie sprechen mit Ihrem Kind über die Situation: »Was ist das Schlimmste, was passieren kann?« Meist ist das Schlimmste gar nicht mehr so schlimm, wenn es ausgesprochen werden darf. Selbst eine wiederholte Klasse lässt die Welt nicht untergehen.

# Das wirkt gegen Angst und Panik

Wenn unsere Kinder Angst vor der Schule oder vor Klassenarbeiten haben, möchten wir sie gerne beruhigen und ihnen Mut machen. Wie helfen wir ihnen am besten?

Je mehr Kinder sich in Angst und Panik hineinsteigern und je mehr sie zwanghaft und verbissen versuchen, wieder die Herrschaft über ihren Denkapparat zu bekommen, umso schlimmer wird die Angst. Einfache Übungen und Bewegung führen schneller zu emotionaler Entspannung als ständiges Grübeln, Dauerlernen oder Vorwürfe gegen sich selbst.

## Ab ins Freie

Eine spürbare Erleichterung und einen effektiven Spannungsabbau erreicht Ihr Kind durch körperliche Bewegung an frischer Luft. Beim Laufen, Springen, Ballspielen oder jeder anderen Bewegung kommen Kreislauf und Atmung wieder ins Gleichgewicht, Stress wird abgebaut und Sauerstoff kommt ins Gehirn. Ununterbrochenes Sitzen und Lernen hilft weit weniger, als ängstliche Kinder glauben.

## Positiven Anker setzen

Suchen Sie mit Ihrem Schulkind eine Situation aus seinem Leben, in der es erfolgreich und glücklich war. Vielleicht hat es einen Kletterkurs besucht und es bis zum höchsten Punkt des Klettergartens geschafft. Vor dort aus hatte es einen tollen Ausblick und fühlte sich wunderbar leicht und glücklich. Ihr Kind darf sich jetzt eine einfache Geste aussuchen, die es an dieses tolle Gefühl erinnert, zum Beispiel beide Hände fest auf die Knie legen. Jedes Mal, wenn die selbst ausgesuchte Geste ausgeführt wird, wird ein emotionaler Anker aktiviert. Das heißt, Ihr Kind aktiviert automatisch die schöne Erinnerung und die positiven Gefühle, die dazugehören. Wenn diese Geste oft geübt und dadurch automatisiert wird, kann das Kind diese Technik auch bewusst vor und in Prüfungssituationen anwenden. Bei positiven Gefühlen hat Angst keinen Platz mehr.

## Der Lehrer in Unterhose

Ihr Kind kann der Prüfungssituation die Dramatik nehmen, indem es sich zum Beispiel seinen Lehrer in Unterhose oder alle Klassenkameraden in Taucheranzügen vorstellt. Malen Sie gemeinsam ein lustiges Bild dazu, die Unterwäsche kann Punkte, Löcher oder Herzen haben. Lassen Sie Ihrer Fantasie gemeinsam freien Lauf! Lachen und Angst

vertragen sich gar nicht, das Lachen setzt positive Gefühle frei und vertreibt so die Angst.

### Die »ffft«- Atmung

Wer ruhig atmet, kann sich nicht fürchten. Beim beruhigenden Atmen dauert das Ausatmen länger als das Einatmen. Nach dem letzten Ausatmen kommt noch ein kurzes »ffft« nach. Jetzt ist wirklich alle Luft draußen. Dann folgt eine kurze Pause, bevor normal – nicht übermäßig – eingeatmet wird. Bereits nach einigen Atemzügen beginnt der Puls, sich zu verlangsamen. Je häufiger Ihr Kind diese Atmung trainiert, umso schneller und besser kann es sich dadurch entspannen. Das hilft natürlich nicht nur im akuten Notfall, sondern auch bereits lange vor der Prüfung.

### Der »Ich schaff es«-Karateschlag

Wenn Ihr Kind die Außenseiten seiner Handkanten auf die Oberschenkel schlägt, werden dabei eine Menge Energiepunkte zum Loslassen von blockierenden Gefühlen aktiviert. Dazu soll Ihr Kind erstens aussprechen, wovor es sich fürchtet, und zweitens sagen, was es gerne können möchte. Dann beendet es den Satz mit »Ich schaffe das!« und wiederholt ihn so oft, wie es möchte.

Beispiele:
- Auch wenn ich Angst vor dem Test habe: Ich werde den Test trotzdem gut bestehen. Ich schaffe das!
- Auch wenn ich heute nervös bin und gar nicht lernen möchte: Ich setze mich jetzt hin und lerne in Ruhe. Ich schaffe das!
- Auch wenn ich mich vor Mathematik fürchte: Ich tu mein Bestes. Ich schaffe das!

Durch solche Sätze stellt sich das Kind bewusst seinen Ängsten. Gleichzeitig werden Mut und Zuversicht aktiviert. Durch die kräftigen Schläge spürt das Kind auch seine körperliche Kraft.

## Wann wird Schulstress gefährlich?

Kinder dürfen nicht ständig aufs Äußerste gefordert werden, sonst bleibt die Lebensfreude auf der Strecke und es kommt es zu emotionalen Einbrüchen.

Gerade die besonders Fleißigen, die sich für alles leicht begeistern, wollen niemanden enttäuschen und selbst viel erreichen. Daher ist es wichtig, bei Überforderung rechtzeitig gegenzusteuern. Überforderte Kinder verändern ihr Verhalten. Sie sind immer müde oder schlafen schlecht. Andere werden krank oder aggressiv, nervös oder still und lustlos.

Kinder wollen gefordert werden. Aber oft ist das eine Gratwanderung, bei der die Eltern die Verantwortung tragen. Denn bei aller Förderung muss auch klar sein, dass man nicht alles erreichen kann. Kinder dürfen nie den Eindruck bekommen, dass sie vor allem wegen ihrer guten Leistungen geliebt werden. Und Gleiches gilt für Hobbys und zusätzliche Angebote. Da geht es vor allem darum, dass Kinder Spaß haben. Wenn sich zu viel Stress eigeschlichen hat, muss reduziert werden: Zusätzliche, freiwillige Angebote in der Schule, aufwändige Hobbys oder zusätzliche Pflichten kommen weg – auch wenn ein Lehrer oder Trainer es nicht versteht.

Manche Schüler zeigen erst sehr spät, dass ihnen alles zu viel wird. Stress kann leider so übermächtig werden, dass er lähmt und jede Leistung verhindert. Hier gilt es, Leistungs- und Zeitdruck zu reduzieren.

·····································

Birgit, 44, Mama von Fabian

### Fabian hat es einfach nicht mehr geschafft

❯❯ *In der Grundschule war Fabian ein super Schüler. Wenn er von der Schule nach Hause kam, wartete immer ein großes Nachmittagsprogramm auf ihn. Gleich nach dem Essen hat er die Hausaufgaben erledigt. Dann ging es weiter mit Gitarreüben, Kinderband, Spanisch-AG, Fußball oder Schwimmtraining. Oft hatte er auch zwei Veranstaltungen hintereinander und ich musste ihn mit dem Auto fahren, damit er alle geschafft hat. Mein Mann hat oft stolz zu seinen Freunden gesagt: »Unser Fabian hat schon einen Terminkalender wie ein Manager!« Durch dieses Programm hatten Freunde und echte Freizeit leider wenig Platz in seinem Leben. Deshalb war Fabian in den Ferien mit einer Kindergruppe auf einer Sprachreise in Irland. Von dort hat er sogar eine Urkunde für sehr gutes Englisch mitgebacht.*

*Dann kam Fabian aufs Gymnasium und wurde immer stiller. Oft hat er sich in seinem Zimmer eingeschlossen. »Ich habe Bauchschmerzen«, sagte er dann. Wenn ich nicht neben ihm saß, hat er keine Hausaufgaben mehr gemacht. Am Morgen wollte er am liebsten im Bett liegen bleiben. Wir dachten, der Durchhänger würde sich von selbst legen, wenn wir ihn nicht beachten. Trotzdem waren wir natürlich alle sehr besorgt.*

*Eines Tages rief die Schule an und teilte uns mit, dass Fabian viele Schultage im Park auf einer Bank verbracht hat. Wir waren total erschrocken und sind auf Anraten seines Lehrers zu einem Kinderpsychologen gegangen. Auf seinen Rat hin haben wir Fabians Nachmittagsprogramm sofort total zusammengestrichen. Inzwischen hat sich Fabian gut erholt und ist ruhiger und fröhlicher geworden.* ◄

Im Extremfall kann es passieren, dass sich Kinder wie Fabian aus Angst, gar nichts mehr zu schaffen und zu versagen, nicht mehr in die Schule trauen und typische Burnout-Symptome entwickeln. In einer Kindertherapie können Schüler und Eltern lernen, Stress und Überforderung rechtzeitig zu erkennen und zu vermeiden.

## Erste Hilfe für Kinder, denen alles zu viel wird

Der Schulalltag kann ganz schön herausfordernd sein. Kurzzeitige Belastung und Stress sind normal. Wenn der Schulschluss naht und viele Prüfungen auf dem Kalender stehen, ist ein gewisses Ausmaß an Stress nicht zu vermeiden. Wenn Sie aber merken, dass Ihr Kind ständig und über lange Zeit unter wenig Freizeit und Überlastung leidet, suchen Sie das Gespräch in einer ruhigen Atmosphäre, vielleicht bei einem Spaziergang oder an einem ruhigen Nachmittag. »Mit fällt auf, dass du dich verändert hast. Du hast so viel geleistet, leg jetzt mal alles zur Seite. Mir ist ganz wichtig, dass es dir gut geht. Lass uns darüber reden.« Das Kind braucht einen starken, ruhigen Erwachsenen, der ihm den Rücken stärkt und alles aushält, was es erzählt. Hören Sie zu, bewerten Sie nicht. Sagen Sie nur: »Ich bin für dich da. Lass uns überlegen, was dir helfen könnte. Ich hab dich lieb!« Eine herzliche Umarmung mildert die erste Verzweiflung, auch wenn das Kind nicht gleich reden kann.

## Eltern leiden mit

Wir möchten unsere Kinder unterstützen, wenn es ihnen nicht gut geht. Aber manchmal ist das gar nicht so einfach, weil wir selbst mitfühlen. Scheuen Sie sich nicht, professionellen Rat in Anspruch zu nehmen, wenn Sie selbst nicht mehr weiterwissen. Manchmal ist die Außensicht einer Schulpsychologin, Lerntrainerin oder Kindertherapeutin wichtig, um den Blickwinkel zu erweitern und aus der negativen Gedanken- und Gefühlsspirale herauszukommen. Sie müssen nicht immer alles im Alleingang lösen und dürfen sich Hilfe für sich und Ihr Kind holen. Dazu sind die Fachleute da. So lernt Ihr Kind auch, dass es in Ordnung ist, wenn man sich Unterstützung holt.

# Der richtige Umgang mit schlechten Noten

Misserfolge gehören zum Schülerleben dazu. Der Prozess des Lernens geht mal schneller und mal langsamer, mal leichter und mal schwerer voran. Das ist völlig normal und kein Grund zur Besorgnis. Es ist auch keine Tragödie, wenn Kinder manchmal Dinge vergessen oder nicht immer topmotiviert sind. Trotzdem ist ein Misserfolg zunächst ein Schock, der verarbeitet werden muss. Je größer der Misserfolg, umso größer ist auch der Knick im Selbstwertgefühl. Auf den ersten Schreck folgen dann meist Enttäuschung und Trauer. Das Kind fühlt sich schlecht, ha-

## Sofortübung: Ab ins Schneckenhaus

Leiten Sie Ihr Kind zu dieser Übung an:
»Setz dich aufrecht auf den Boden, die Fußsohlen aneinander. Dehne die Knie nach außen und senke die Fußaußenkanten zu Boden. Umfasse nun mit beiden Händen die Füße. Senke den Kopf dabei zu den Füßen, so weit, wie es locker geht. Dabei rundet sich dein Rücken wie das Haus einer Schnecke. Stell dir vor, du bist in einem wunderschönen Schneckenhaus. Niemand und nichts kann jetzt hinein. Schließ die Augen wenn du magst.« Wenn das Kind es möchte, dürfen Sie ganz behutsam seinen Rücken kraulen und massieren.

Das Gedicht können Sie beide vorher oder während der Übung wiederholen:
Sei wie die Schnecke in ihrem Haus,
zieh dich zurück und ruh dich aus.
Entspannung tut dir sicher gut,
sie gibt Ruhe, Stärke und auch Mut.
Zum Schluss sagen Sie: »Richte dich nun langsam wie in Zeitlupe Wirbel für Wirbel auf. Jetzt steh auf und atme ein paar Mal tief durch.«

Übrigens:
Diese Übung tut auch uns Erwachsenen gut und bringt rasch Entspannung und Geborgenheit.

dert damit, dass es sein Ziel nicht erreichen oder Gelerntes nicht umsetzen konnte.

Trösten Sie Ihr Kind und lassen Sie ihm eine gewisse Zeit zur emotionalen Verarbeitung. Wichtig dabei ist, dass Ihr Kind seine Gefühle nicht verdrängt, sondern offen darüber redet. Nur so kann es im nächsten Schritt auch seine Schwachstellen reflektieren. Bieten Sie Unterstützung an: »Wie kann ich dir helfen? Was denkst du, warum ist diese Arbeit nicht gut ausgefallen? Schau auch darauf, was du gut gemacht hast, nicht nur auf die Fehler.«

### Die innere Haltung zählt

Sieht der Schüler sich als Opfer und macht alle anderen für seine Fehler verantwortlich, dann wird der Misserfolg als besonders schwer empfunden, weil er sich hilflos fühlt. Schafft das Kind es, über eigene Fehler nachzudenken und Mut für einen Neustart

zu mobilisieren, dann wird die Situation zur Herausforderung. Es erlebt sich nicht als Opfer, sondern als Kämpfer, der verschiedene Möglichkeiten hat und nicht aufgibt. Unsere Aufgabe ist es, dem Kind dabei zu helfen, dass es ins Handeln kommt und Fehler als wichtigen Teil des Lernens versteht.

Reden Sie in der Familie auch offen über eigene Fehler und kleine Pleiten und was Sie selbst daraus lernen konnten. Wie die psychologische Forschung zeigt, sind es vor allem die kleinen Momente im Alltag, die sich entscheidend darauf auswirken, was Kinder und Jugendliche sich zutrauen und wie sie mit Problemen umgehen.

### Was bei Misserfolgen gar nicht hilft

Schlechte Noten oder Misserfolge sind ein Zeichen dafür, dass Ihr Kind den Lernstoff nicht verinnerlicht hat. Nicht mehr und nicht weniger.

### Dramatisieren

Menschen sehen negative Ereignisse oft viel dramatischer, als sie sind. Das führt dazu, dass viele Kinder rasch denken, sie wären gescheitert. Dabei haben sie nur eine kleine Niederlage erlitten. Helfen Sie Ihrem Kind, Noten als das zusehen, was sie sind: eine Rückmeldung über die Leistungen und eine Möglichkeit, aus Fehlern zu lernen.

**Tipp:** Ruhig und sachlich bleiben. Erklären Sie Ihrem Kind, dass Misserfolge zwar ernst genommen werden müssen, aber kein Drama sind.

### Standpauken, Strafen und Vorwürfe

Wenn ein Kind wegen schlechter Noten ein Donnerwetter hört oder bestraft wird, wird es sich verschließen, Angst entwickeln oder schlechte Zensuren gar nicht mehr zeigen. Manchmal beginnen Kinder aus Angst auch zu lügen oder »verlieren« Hefte und Tests.

Wenn ein Schüler tatsächlich zu wenig gelernt hat, ist es verständlich, dass die Eltern sich über schlechte Noten ärgern oder sehr enttäuscht sind. Das führt aber leider nicht weiter. Dass Mama und Papa sich über eine misslungene Klassenarbeit nicht freuen, weiß das Kind auch ohne Vorwürfe. Besser Sie sagen: »Wie denkst du darüber? Was hast du dir überlegt, wie es weitergeht? Wie soll das konkret aussehen?«

**Tipp:** Geben Sie sich doch selbst einmal eine Schulnote dafür, wie Sie auf eine schlechte Zensur Ihres Kindes reagieren.

### Mit anderen vergleichen

In der Klassengemeinschaft vergleichen sich Schüler selbst automatisch untereinander. Das ist nicht ganz zu vermeiden. Erhöhen Sie das Konkurrenzdenken nicht noch mehr.

Nach den Leistungen der anderen Kinder zu fragen, schafft unnötigen Druck und negativen Ehrgeiz. »Nur besser sein« heißt dann leicht die Devise.

**Tipp:** Vergleichen Sie die Leistung Ihres Kindes immer mit seiner vorherigen Arbeit in diesem Fach. Auch wenn viele Fehler passiert sind: Sobald sie besser ausfällt als die vorige, ist sie ein Erfolg.

### Druck ausüben

Gute Leistungen zu erwarten ist prinzipiell in Ordnung, solange Ausrutscher als normal angesehen werden. Manche Schüler entwickeln von selbst einen ungesunden Ehrgeiz und erwarten von sich immer ausgezeichnete Leistungen. Auch das ist auf Dauer ungut und schadet mehr, als dass es nützt. Nur auf die nächsten Noten fixiert, sind diese Kinder selten wirklich zufrieden und froh. Außerdem macht der Wunsch, überall der Beste zu sein, nicht besonders beliebt.

**Tipp:** Nehmen Sie Druck raus und achten Sie auf genug echte Freizeit. Erklären Sie, dass ohne Entspannung langfristig auch kein Erfolg möglich ist.

## Was bei Misserfolgen immer hilft

Bei Misserfolgen ist es wichtig, dass Ihr Kind sich verstanden und angenommen fühlt: Mit Mama und Papa kann ich reden, sie helfen mir und stehen zu mir, egal welche Noten ich bekomme.

### Vorbild sein

Einen guten Umgang mit Misserfolgen lernt Ihr Kind weniger durch verbale »Belehrungen« als durch Ihr Vorbild. Sie verstehen zum Beispiel das neue Computerprogramm nicht und haben in der Firma Ärger dadurch? Erzählen Sie Ihrem Kind davon und sagen Sie auch, dass Sie sich heute am Abend extra damit beschäftigen werden. Ihr Kind registriert genau, ob Sie selbst aktiv werden, um Situationen zu verbessern, oder passiv leiden und die Schuld verstärkt bei anderen oder den äußeren Umständen suchen.

### Ursachen suchen

Es kann viele Gründe geben, warum die Noten über längere Zeit in den Keller gehen. Es kann ein Lernstoff sein, der dem Kind nicht liegt, oder ein Lehrer, dessen Erklärungen nicht klar sind. Auch Überforderung, zu viel Ablenkung, Stress in der Familie oder mit Freunden wirken sich auf den Lernerfolg aus. Wenn der Kopf ganz woanders ist, zum Beispiel bei einem Hobby oder bei der ersten Schwärmerei, ist alles andere viel spannender als die Schule. Das ist verständlich und legt sich in den meisten Fällen wieder. Überprüfen Sie auch, ob Ihr Kind sich ausreichend vorbereitet hat. Die Frage »Hast du zu wenig geübt oder brauchst du Hilfe, weil du etwas nicht verstehst?« ist zentral.

### Zuversicht ausstrahlen

Schafft Ihr Kind trotz Bemühen keine Erfolge? Dann braucht es besonders Ihre Zuversicht. Nehmen Sie es in den Arm oder auf den Schoß und zeigen Sie ihm, dass Sie zu ihm stehen, egal was kommt. Sie müssen nicht sofort eine Lösung oder eine zündende Idee bereit haben. Besser Sie fühlen mit Ihrem Kind mit, denken nach und besprechen sich mit einer Person Ihres Vertrauens. Aber auch ein Gespräch mit dem Lehrer ist wichtig. Überlegen Sie gemeinsam neue Lernstrategien und setzen Sie gemeinsam mit Ihrem Kind neue, kleine Ziele, die erreichbar sind, zum Beispiel: »Klappt das Multiplizieren mit mehrstelligen Zahlen (wie 27 × 9) noch nicht? Dann konzentriere dich diese Woche

## Der erfolgreiche Holzfäller

Die folgende Geschichte hilft Kindern, auf sich selbst zu achten:

Es waren einmal zwei Holzfäller. Der eine arbeitete ununterbrochen und fällte trotzdem weniger Bäume als der andere, der oft im Schatten saß und vergnügt Pausen machte. Ärgerlich sagte der erste Holzfäller: »Ich verstehe nicht, wieso du so viele Bäume fällen kannst. Ich sehe dich oft sitzen und nichts tun!« Der andere sagte: »Ich mache Pausen, um meine Axt zu schärfen. Dabei erhole ich mich und tanke Kraft. Mit meiner neuen Kraft und der scharfen Axt macht das Holzfällen Spaß, und schneller geht es noch dazu!«

auf die kleinen Zahlen. Erst wenn die sitzen, kommen wieder große Zahlen dran.« Bei großen Lücken lohnt es sich auch, über eine zeitweise Lern- oder Nachhilfe (Seite 69) nachzudenken.

### Und immer wieder: das Selbstwertgefühl stärken

Kinder mit schwachem Selbstwertgefühl tendieren zu negativen Erwartungshaltungen, trauen sich wenig zu und fühlen sich von anderen bestimmt. Menschen mit gesundem Selbstvertrauen verlieren auch bei Misserfolgen ihre Stärken nicht aus den Augen, werden aktiv und überlegen, was sie das nächste Mal anders machen können. Das Fundament für ein realistisches, tragfähiges Selbstvertrauen wird in der Kindheit gelegt und ist später nur mit Mühe nachzuholen. Ein paar gute Übungen hierzu finden Sie auf den Seiten 70–71.

# Nachhilfe und Lernunterstützung

Nachhilfe – das Wort hat oft einen negativen Beigeschmack. Völlig zu Unrecht, denn Nachhilfe hat nichts mit fehlender Intelligenz eines Kindes zu tun. Ungefähr jeder dritte Schüler in Deutschland nimmt mindestens einmal in seiner Schullaufbahn Nachhilfe in Anspruch. Eltern geben dafür viel Geld aus und wollen natürlich wissen, wo ihr Kind die beste Unterstützung erhält und wie Nachhilfe möglichst effektiv wird.

## Ursachen ergründen

Woran es liegt, dass sich Ihr Kind in einem oder mehreren Fächern in einem Leistungstief befindet? War es länger krank? Musste es die Schule wechseln? Hat es eine Abneigung gegen bestimmte Lehrer oder ein Fach? Kann es sich schlecht konzentrieren oder kommt es mit seinen Mitschülern nicht klar? Auch wenn es privat Probleme gibt, kann eine kurze, intensive Lernunterstützung sinnvoll sein, weil sie dem Kind zumindest im schulischen Bereich zu Erfolgen verhelfen kann.

Wenn Ihr Kind alles gut versteht, aber unter einer ausgeprägten Konzentrationsschwäche, Legasthenie (Lese- und Rechtschreibschwäche) oder Dyskalkulie (Rechenschwäche) leidet, nützt normale Nachhilfe wenig. Dann hilft ein Test bei einem Experten und gezieltes Training. Fragen Sie deshalb den Lerntrainer nach seiner Ausbildung und seinen Spezialisierungen.

## Zeitlich begrenzen

Hilfe zur Selbsthilfe – das ist der Sinn einer guten Nachhilfe. Sie ist keine Dauerunterstützung, sondern soll dem Schüler durch gezielte Hilfen den Anschluss an den Unterricht ermöglichen oder ihn auf eine wichtige Klassenarbeit vorbereiten. Im besten Fall zeigt sie auch Strategien, um neuen Stoff alleine zu bewältigen. Eltern sind für echte Nachhilfe meist nicht geeignet, weil sie ihrem Kind emotional zu nahe stehen und sie selten immer klar, ruhig und sachlich bleiben.

## Woran erkenne ich einen guten Nachhilfelehrer?

Ein guter Nachhilfelehrer unterrichtet nach dem Motto: So viel wie nötig, so wenig wie möglich. Wenn der Schüler gut alleine klarkommt, zieht er sich sofort zurück.

Zuerst wird der Nachhilfelehrer das Leistungsniveau feststellen und auf Ihren Wunsch hin auch Kontakt zur Schule aufnehmen. Er berücksichtigt den aktuellen Schulstoff, kennt den Lehrplan und kann den Beginn der Verständnislücken ausfindig machen. Er stellt Lernhilfen zur Verfügung und kennt sich nicht nur in der Lernmaterie bestens aus, sondern kann den Stoff auch anschaulich erklären. Er nennt einen klaren Preis und genaue Zahlungsmodalitäten und hält Sie ständig auf dem Laufenden über die Fortschritte und Veränderungen bei Ihrem Kind. Er kann eine gute Beziehung zu Ihrem Kind herstellen und schaut auch auf seine Stärken und nicht nur auf die momentanen Schwächen.

Vereinbaren Sie eine Probestunde, in der Ihr Kind und der Lehrer sich ungezwungen kennenlernen und gemeinsam entscheiden, ob sie miteinander arbeiten wollen. Ein »Ja, ich will!« von Ihrem Kind ist die beste Voraussetzung für den konstruktiven Start.

# Das Selbstwertgefühl stärken

Ein gesundes Selbstwertgefühl fällt nicht vom Himmel und muss immer wieder trainiert werden. Helfen Sie Ihrem Kind dabei mit einfachen Übungen, die Spaß machen.

Gutes Zureden und Diskutieren verhelfen den meisten Kindern eher nicht zu einem besseren Selbstwertgefühl. Versuchen Sie es doch mal mit ein paar angenehmen Übungen. Sie bringen Ihr Kind spielerisch in eine lockere Stimmung und heben seinen Mut.

## Stark wie ein Baum

Ihr Kind steht mit hüftbreit aufgestellten Füßen auf dem Boden. Die Knie sind leicht angewinkelt. Nun schubsen Sie Ihr Kind leicht von allen Seiten an. Ziel der Übung ist es, dass das Kind stehen bleibt und sich nicht wegdrücken oder wegdrängen lässt.

Dann sagen Sie: »Fühl dich nun wie ein starker Baum, stell dir vor, deine Wurzeln reichen bis tief in die Erde. Nichts kann dich umwerfen, auch der stärkste Sturm nicht. Such dir einen Punkt in Augenhöhe und schau immer dorthin. Ich werde versuchen, dich wegzudrängen, aber du bist stark wie ein Baum und lässt das nicht zu!«

Nach dieser Einführung wird Ihr Kind sicher stehen. Sie dosieren nun Ihre Kraft genau so stark, dass das Kind gerade noch stehen bleiben kann. Es erlebt dann bewusst seine Standfestigkeit und Stärke. »Siehst du, nichts schafft es, dich umzuwerfen!«

## Spieglein, Spieglein an der Wand

Selbstbewusst sein heißt, ein Bewusstsein für die eigene Persönlichkeit zu haben und in jeder Situation zu ihr zu stehen. Es ist zwar gut, wenn Kinder oft von uns hören, was sie gut machen. Noch besser wirkt es, wenn das Kind sich die Bestärkungen immer wieder selbst sagt. Dadurch entsteht ein realistisches Selbstwertgefühl.

Legen Sie zuerst mit Ihrem Kind eine Liste an, auf der alles steht, was Ihnen beiden an Eigenschaften, Talenten und Besonderheiten zu Ihrem Kind einfällt, zum Beispiel: Ich kann gut zuhören, ich kann gut Minusrechnen, ich bin geduldig mit meiner kleinen Schwester, ich kann gut streiten mit Lars, ich kann mich gut ärgern, wenn ich einen Fehler mache, ich kann gut weiterschlafen, wenn der Wecker klingelt, ich bin mutig, wenn ich auf das Dach

klettere, ich kann mich gut freuen, wenn Oma zu Besuch kommt ... Nichts ist verboten, es darf auch lustig sein!

Anschließend setzt sich Ihr Kind vor den Spiegel, sieht sich selbst tief in die Augen und erzählt sich nonstop mindestens eine Minute lang, was es für besondere Eigenschaften hat. Dabei klopft es leicht mit beiden Fäusten oder den Fingerspitzen auf die Mitte der oberen Brust.

## Sich stark und mutig lächeln

Lächeln und lachen Sie jeden Tag gemeinsam mit Ihrem Kind. Während Sie lächeln, richten Sie bewusst Ihren Rücken gerade auf und lassen den Blick durch den Raum schweifen, sodass die Augen in Bewegung sind. Wenn diese Übung am Anfang nur schwer gelingt und vielleicht zu künstlich erscheint, hilft ein einfacher Trick: Klemmen Sie einen Stift quer zwischen die Vorderzähne, ohne dass

dabei die Lippen berührt werden, und sehen Sie sich dabei tief in die Augen. Jetzt müssen garantiert alle lachen!

## Wer sich mag, tut sich selbst gut

Menschen mit tragfähigem Selbstvertrauen wissen, wie sie sich guttun und ihre Stimmung selbst positiv beeinflussen können. Das lässt sich lernen. Sammeln Sie gemeinsam mit Ihrem Kind gezielte Mini-Maßnahmen, die das Wohlfühlen heben. Schärfen Sie dabei besonders den Blick für Kleinigkeiten, die leicht übersehen werden: die extra Kuscheldecke am Abend, der Kakao am Morgen, der bewusste Gedanken an das Lob des Sportlehrers, die Erinnerung an das letzte Geburtstagsfest mit Freunden ...

In jedem Leben gibt es Erfolg und Glücksmomente – sie wollen gesehen werden, damit sie gut tun und stärken können. Übrigens: Das gilt auch für uns Eltern!

# Freizeit, Hobbys und Entspannung

Kinder und Jugendliche verbringen mit Schule und Lernen den größten Teil ihres jungen Lebens. Deshalb sind ein sinnvoller Ausgleich und echte Freizeit wichtig.

Alle Menschen brauchen regelmäßige Zeit, in der sie ihren spontanen Impulsen nachgehen dürfen und die Seele baumeln lassen können. Kinder brauchen solche Phasen noch öfter als Erwachsene.

## Echte Freizeit

Es liegt im Trend der Zeit, dass die Grenzen zwischen Freizeit und Arbeit verschwimmen. Auch am Wochenende checkt Mama Ihre E-Mails, Papa sitzt für ein, zwei Stündchen am Computer und auch die Kinder machen noch Hausaufgaben oder lernen für Tests. Das ist kein Grund zur Sorge, wenn noch genug freie Zeit bleibt. Denn das menschliche Gehirn braucht diese freien Phasen, um Eindrücke zu verarbeiten und zu regenerieren. Erst dann können Kreativität, spontane Einfälle und neue Interessen wieder Platz finden. Sogar ein gewisses Ausmaß an Langeweile tut Kindern gut. Auch wenn unsere Kinder manchmal jammern: »Mir ist soo langweilig!«, müssen Sie nicht sofort

tolle Ideen parat haben. Menschen brauchen beides: Spannung, Arbeit und Herausforderungen auf der einen Seite und Entspannung, Pausen, Ruhe und Leerläufe auf der anderen Seite.

### Spielen hat Vorrang

Für Kinder bedeutet Freizeit vor allem Spielen nach Lust und jeweiliger Laune. Im Spiel setzen sie ihre Impulse um und bearbeiten unbewusst die Themen, die sie gerade beschäftigen. Vielleicht haben Sie schon Ihren Erstklässler beobachtet, wie er mit seinen Stofftieren die Klasse nachstellt oder mit Freunden Schule spielt?

Spielen und Lernen sind kein Gegensatz, im Gegenteil: Spielen schult Grundkompetenzen fürs Leben mit Spaß und Leichtigkeit. Wenn gemeinsam gespielt wird, stärkt das den Familienzusammenhalt und fördert die Kommunikation. Bei Gesellschaftsspielen zum Beispiel wird geredet, gelacht und verhandelt: »Muss ich dich bei Mensch-är-

erwiesenermaßen besser im Gedächtnis haften. Im Spiel trainieren Kinder automatisch ihre Aufmerksamkeit und ihre Begeisterungsfähigkeit – beides Faktoren, die eine hohe Gedächtnisleistung ermöglichen.

## Wo endet Spiel und wo beginnt Arbeit?

Ob es sich bei einer Aktivität um ein Spiel handelt oder nicht, bestimmt die innere Einstellung Ihres Kindes. Wenn es zum Beispiel ein Vokabel-Memory mit Begeisterung immer wieder spielt oder für den Naturkundeunterricht freiwillig am Sonntag Blätter sammelt und in dieser Tätigkeit versinkt, ist das für Ihr Kind Spiel. Auch wenn es sich immer wieder kniffelige Rechenrätsel sucht und an deren Problemlösung herumknobelt, ist es ein Spiel.

Wenn ein Kind schwimmen trainiert und daran nur Freude hat, wenn es im Wettkampf immer siegt, ist das kein spielerischer Ausgleich mehr, sondern harte Arbeit und (Wett-)Kampf. Denn echtes Spiel hat viel mit Leichtigkeit und Lachen zu tun.

>> »Gibt es eine bessere Form, mit dem Leben gut fertigzuwerden, als mit Leichtigkeit, Liebe und Humor?« – frei nach Charles Dickens (1812–1870)

## Spielend durchhalten und aus dem Alltag ein Spiel machen

Wer im Spiel nicht durchhält und nicht verlieren kann, kann auch Misserfolge in der Leistung schwer verkraften. Wenn Ihr Sechsjähriger beim Kartenspielen verliert und die Tränen fließen oder die Karten vom Tisch gefegt werden, ist das zunächst noch eine normale Entwicklungsphase. Mit der

gere-dich-nicht wirklich immer rauswerfen? Gibst du mir diese Karte freiwillig oder soll ich sie dir abkaufen?«

Auch wenn das Spielen mit der Familie und mit anderen Kindern wichtig ist, wollen sich Kinder auch alleine beschäftigen. Das Spielen mit sich selbst schärft besonders die Konzentration, verhilft zu innerer Ruhe und tiefer Erholung und setzt Kreativität frei. Denn Kinder folgen dabei nur ihrem eigenen Rhythmus.

## Was das Spielen für das Lernen bringt

Es ist eigentlich paradox: Kinderspiel ist zweckfrei und absichtslos. Zugleich ist Spielen alles andere als zwecklos: Es ist Freude an der Aktivität selbst, schafft augenblicklich Konzentration und führt zu Erholung und Auftanken der Kräfte. Es trägt zur Entwicklung des Gehirns bei, macht kreativ, fördert Talente und Begabungen zu Tage und bereitet unsere Kinder auf unbekannte Situationen vor. Was im Spiel gelernt wird, bleibt

Zeit, mit Übung und guten Vorbildern wird die Frustrationstoleranz des Kindes größer. Es versteht, dass man nicht immer gewinnen kann. Es geht aber nicht hauptsächlich darum, dass Kinder widerstandslos verlieren lernen, sondern vielmehr darum, dass sie auch in schwierigen Situationen nicht aufgeben.

Spielen lässt sich problemlos in den Alltag integrieren. Kinder können aus allem ein Spiel machen, wenn man sie lässt. Papa bei der Autowäsche helfen, mit Mama die Geburtstagstorte verzieren, bei Oma im Garten Äpfel einsammeln – Kinder wollen spielerisch mit einbezogen werden. Alle Sinne, das praktisches Verständnis und das logische Denken werden dabei verbessert. Es muss nicht immer ein großes Freizeitprogramm sein, Kinder erholen sich besonders gut beim Tun. Und wir Eltern bleiben so mühelos in Kontakt mit unserem Nachwuchs.

## Endlich Wochenende!

Damit das Wochenende wirklich das hält, was Sie sich wünschen, ist es wichtig, einiges zu beachten. Ändern Sie am Freitagabend nie abrupt die Schlafgewohnheiten Ihrer Kinder. Gehen sie nämlich viel später als unter der Woche ins Bett und schlafen sie zwei Tage so richtig lange aus, bringt das den gewohnten Rhythmus spätestens am Montag durcheinander. Die Kinder können am Sonntagabend oft nicht gut einschlafen, weil sie noch nicht müde sind. Am nächsten Tag fühlen sie sich dann wie gerädert. Lehrer klagen häufig über müde, unmotivierte Kinder am Wochenbeginn. Der Sonntagabend sollte auf jeden Fall ruhig ausklingen.

Auch wenn es sich nicht immer vermeiden lässt: Verschieben Sie nicht allzu viele

### Unternehmungen sammeln

Machen Sie gemeinsam eine Sammlung von Dingen, die Sie gern einmal mit Ihren Kindern machen würden. Von A wie »Affenbeobachten« bis »Z wie Zorrospielen« kann eine lustige Liste entstehen. (Sie muss natürlich nicht alphabethisch sein!) Davon können Sie dann spontan für jedes Wochenende ein oder zwei Unternehmungen mit den Kindern auswählen und das machen, worauf alle Lust haben. Das Leben ist verplant genug und ein spontaner Besuch im Zoo macht besonders viel Spaß.

Pflichttermine auf das Wochenende. Der Besuch im Museum für Geschichte, das Üben von Vokabeln und das Besorgen einer Ringmappe für Geografie sind mehr als ein ganzes Samstagsprogramm. Überprüfen Sie, was zu viel ist, und ob das Wochenende wirklich allen genug Energie bringt.

### Kein Mammutprogramm

Eine zu genaue Zeiteinteilung engt die Freizeit ein und macht unflexibel. Gönnen Sie sich und Ihren Kindern am Wochenende den Luxus, so oft wie möglich spontan zu entscheiden, was Sie tun wollen. Ergibt sich wildes Balgen und eine lustige Kissenschlacht? Dann machen Sie mit. Möchten Sie Frischluft tanken? Dann ist ein Abenteuerspaziergang im Wald genau das Richtige. Haben Sie Termine am Wochenende, dann trauen Sie sich auch, diese spontan noch abzusagen, wenn es für Ihre Familie besser ist. Auch für die Freizeit gilt: Wenn Sie sich zu viel vornehmen, führt das zu Stress.

# Wie viel Hobby tut unserem Kind gut?

Durch regelmäßige Hobbys und außerschulische Aktivitäten eröffnen sich neue Wissensperspektiven. Angebote gibt es genug am Markt: Vom Töpferkurs, der die Feinmotorik schult, dem Fußballtraining, das den Körper fordert, interaktiven Kindergruppen, die die sozialen Fähigkeiten verbessern sollen, bis zu Schachklubs für Sechsjährige findet sich alles und noch viel mehr. Doch wie viel ist richtig, was ist eindeutig zu wenig und woran können wir Eltern das merken?

Jedes Kind hat unterschiedliche Bedürfnisse und individuelle Kraftreserven. Und eines muss klar sein: Auch das tollste Hobby oder der beste Sportverein machen nur dann Sinn, wenn die Aktivität auch regelmäßig stattfindet.

Einem Kind reicht das Sportangebot in der Schule, das andere möchte gerne noch zusätzlich Schlagzeug lernen und eine Kindertheatergruppe besuchen. Solange ohne Probleme alles leicht unter einen Hut zu bekommen ist, ist alles in Ordnung. Wenn aber das Kind jammert und Sie selbst Ihre Freizeit nur noch damit verbringen, quer durch die ganze Stadt zu fahren, ist weniger auf Dauer oft viel mehr.

## Anregungen sind wichtig

Vielfältige Anregungen sind sinnvoll, denn wie soll Ihr Kind sonst spüren, was es interessiert? Wer noch nie in einem Schwimmbad war, kann sich nicht für einen Schwimmkurs interessieren. Wer noch nie in einem Konzert war, kann sich nicht für ein Kinderabonnement begeistern. Studien zeigen, dass Kinder, die in einer stimulierenden Umwelt und mit guten sozialen Kontakten aufwachsen, später erfolgreicher und selbstbewusster durchs Leben gehen.

### Entscheidungstipps für Hobbys und Förderung in der Freizeit:

- Die Wahl des Hobbys muss Ihr Kind wirklich freiwillig treffen. Wenn es sich für Glasmalen interessiert, dann darf es das, auch wenn der Handballclub um die Ecke ist und Sie Glasmalen spießig finden.
- Ein Kind darf auch ein Jahr lang auf alles Zusätzliche verzichten, wenn die Schule sehr stresst und hohe Ansprüche stellt.
- Sorgen Sie sich nicht, wenn Ihr Kind nicht gleich das Richtige findet: Auch wenn es mit Theater begonnen hat, muss es das nicht die nächsten fünf Jahre konsequent durchhalten. Ständig die Aktivitäten wechseln sollte aber auch nicht zur Gewohnheit werden. Dann kann Ihr Kind nirgends in die Tiefe gehen.
- Achten Sie auch auf sich selbst und darauf, dass Sie nicht zum lebenden Taxi werden. Bei den Hobbys Ihrer Kinder dürfen Sie auch auf Ihre eigenen Energiereserven gucken.
- Gerade zu Beginn eines Schuljahres sind die meisten Kinder an vielen zusätzlichen Angeboten interessiert und wollen überall mitmachen. Es liegt in Ihrer Verantwortung als Eltern, Ihr Kind und sich selbst nicht zu überfordern. Kinder können die möglichen Konsequenzen ihrer Wahl noch nicht alleine abschätzen.

# Mit Sport relaxen

Viele Menschen verbinden den Begriff »Entspannung« automatisch mit Ruhe. Aber es gibt es auch die dynamische Entspannung: durch die Kraft der Bewegung neue Energien tanken. Zu den effektivsten Mitteln gegen Schulstress und Leistungsdruck zählen regelmäßige Bewegung und Sport, am besten an der frischen Luft.

Sport ist toll zum Relaxen und Auftanken, solange das Training selbst nicht in zusätzlichen Stress ausartet. Es soll Spaß machen, fordern und Gelegenheit zum Auspowern bieten.

Körperliche Aktivität ist wichtig für die Entwicklung des Gehirns. Diese Erkenntnis ist der Ausgangspunkt vieler wissenschaftlicher Untersuchungen, die den Zusammenhang zwischen Bewegung und Lernen erforschen. Offensichtlich ist es besonders in jungen Jahren wichtig, dass Kinder die Welt handelnd und durch Bewegungen erfahren. Je älter ein Kind wird, umso mehr setzt es sich zusätzlich auch kognitiv, also denkend, mit seiner Umgebung und speziellen Lerninhalten auseinander. Die Netzwerke zwischen den Nervenzellen im Gehirn eines Kindes wachsen und verändern sich bei entsprechender Förderung sehr schnell.

## Bewegung macht lernfit

Normalerweise sind Kinder Energiebündel, die sich gerne bewegen. Statistiken machen aber deutlich: Nur etwa jedes vierte Schulkind hat ausreichend Gelegenheit dazu. Das hat Folgen: Aus Ungeschicklichkeit steigt das Verletzungsrisiko, die Waage zeigt oft zu viele Pfunde an und auch der Ausgleich zum alltäglichen Stress kommt zu kurz. Wenn ein Kind in der Schule viel sitzen musste und der Kopf voll von Lernstoff ist, dann ist körperliche Aktivität in der Regel der allerbeste, natürliche Ausgleich. Jedes Schulkind sollte sich mindestens 60 Minuten pro Tag körper-

lich bewegen. Dabei gilt: Je jünger ein Kind ist, desto mehr Bewegung braucht es. Durch einen natürlichen Mix aus verschiedenen Bewegungsformen werden Geschicklichkeit, Koordination, Kraft, Ausdauer und Gleichgewicht trainiert. Das geschieht meist spielerisch, am besten im Freien, beim Fangenspielen, Springen, Balancieren, Seilspringen oder Klettern. Auch Ballspiele sind gut für die Entwicklung von Muskeln und Körperkoordination. Bewegung fördert nachweislich auch die Lern- und Merkfähigkeit. So bleiben Kinder nicht nur fit und gesünder, sondern werden auch geistig beweglicher.

**》 Nur wer sich bewegt, bewegt etwas!**

Bei einem normalen Spaziergang zum Beispiel wird das Gehirn um 10–20% stärker durchblutet als beim Stillsitzen. Selbst Fingerspiele beim Nachdenken können die Gehirntätigkeit nachweislich verstärken, da die Fingerkuppen reflektorisch mit der Großhirnrinde in Verbindung stehen.

Bewegung ist einer der wichtigsten Auslöser für die Vernetzung und Neubildung von Nervenzellen. Die Bildung von Gehirnzellen heißt Neurogenese und findet vor allem im Hippocampus, einem wichtigen Hirnareal für das Lernen, statt.

## Digitale Medien

Kinder und Jugendliche wachsen mit unterschiedlichen digitalen Medien auf. Sie müssen erst lernen, sich sicher in diesen faszinierenden Welten zu bewegen. Unsere Aufgabe als Eltern ist es, den Kindern eine gesunde gute Balance zwischen direkt erlebten und medienvermittelten Erfahrungen zu ermöglichen.

## Kempermanns Sport-Mäuse

Der Hirnforscher Gerd Kempermann vom Berliner Max-Delbrück-Centrum untersucht Lernen bei Tieren. Mäuse, die in einer abwechslungsreichen Umgebung mit Tunneln, Laufrädern und anderen Spielzeugen frei herumtollen konnten, bildeten deutlich mehr Nervenzellen im Hippocampus-Areal, einem für das Langzeitgedächtnis wichtigen Gehirnbereich, aus als solche Tiere, die sich nicht frei bewegen konnten. Sie lernten besser und schneller. Kempermanns Resümee: Nur Spezies, die sich bewegen, benötigen ein Nervensystem. In der Evolution sind Gehirne entstanden, um Bewegung zu ermöglichen. Aber die Zusammenarbeit zwischen Gehirn, Muskulatur und Körper ist keine Einbahnstraße. Es findet eine beidseitige Kommunikation statt, von der das Gehirn genauso profitiert.

## Den richtigen Umgang mit digitalen Medien lernen

Unsere Welt ist immer mehr auf digitale Kommunikation und Mediennutzung ausgerichtet. Medien bereichern auch die Kommunikation von Kindern und erweitern ihren Zugang zu Information und Unterhaltung. Deshalb ist es gut, Kindern schon im Grundschulalter einen achtsamen Umgang mit den Medien zu zeigen, damit sie Kompetenzen im Umgang damit entwickeln. Wir Eltern müssen aber auch auf die Gefahren hinweisen und verantwortungsvoll kontrollieren, wie und was unsere Kinder nutzen. Denn der Schutzraum Familie wird leicht unterlaufen durch Fernsehen, Computerspiele oder fragwürdige virtuelle Freunde und Erlebnisse im Internet. Es braucht klare Informationen darüber, wie man sich schützen kann, und feste Regeln, die Kindern helfen, unbeschadet Erfahrungen im World Wide Web zu machen.

Verstehen Sie sich als wachsamen Helfer und begleiten Sie Ihr Kind auf seinen Ausflügen in die digitale Welt. Seien Sie diejenige Person, mit der das Kind dort seine ersten Erfahrungen macht. Dabei dürfen andere Freizeitaktivitäten nicht zu kurz kommen. Denn die Unterhaltung per Knopfdruck ist die einfachste Art, sich zu beschäftigen, aber eine zu intensive Nutzung der digitalen Medien macht träge und desinteressiert für Familie, Schule und Lernen.

## Computerspiele und Online-Games – harmlos oder Gefahr?

Wichtiger als die Frage nach der Dauer ist, welche Medieninhalte Kinder und Jugendliche aus welchen Motiven nutzen. Kontrollieren Sie, was Ihr Kind am Bildschirm macht, und informieren Sie sich auch über die Spiele, die es sich wünscht, bevor sie gekauft werden. Kriegs- und Gewaltspiele, in denen andere Lebewesen vernichtet werden, bergen außer der ethisch fragwürdigen Komponente auch die Gefahr, dass Verhaltensweisen aus dem Spiel ins reale Leben, vor allem auch in die Schule, übertragen werden. Natürlich werden die allermeisten Jugendlichen, die sich in einer bestimmten Phase ihres Lebens stundenlang mit Ballerspielen beschäftigen, später nicht zu Amokläufern und tragen auch keine dauerhaften Schäden davon. Aber es gibt Kinder, die sich besonders stark von den virtuellen Welten in den Bann ziehen lassen. Seien Sie aufmerksam, wenn Sie das Gefühl haben, dass sich Ihr Kind stark zurückzieht und sich seine Computerspielwelt mit der realen Welt zu vermischen beginnt.

Auch das Verhältnis zwischen schulischen Pflichten, Mediennutzung und anderen Freizeitaktivitäten ist wichtig: Zwei Stunden Computerspielen pro Tag kann für einen Zehnjährigen, der viele Freunde trifft, gerne Sport treibt und an vielem interessiert ist, problemlos sein und beim Stressabbau helfen. Für ein anderes Kind, das wenig soziale Kontakte, schlechte Schulleistungen und keine Freunde hat, kann dagegen eine Stunde pro Tag schon zu viel sein.

Nach den Erlebnissen am Bildschirm sind für alle Kinder Bewegung, Spielen und echte Freunde der beste Ausgleich, wenn es das Wetter es erlaubt natürlich draußen im Freien. Dann bekommen die anderen Sinne auch genug »Nahrung«.

### Zu viel Computer ist schlecht für die Motivation

Je älter Kinder werden, desto mehr fühlen sich viele zu Fernsehen und Spielkonsole hingezogen. Computerspiele suggerieren dem Gehirn Bewegung, ohne dass der Körper sie tatsächlich ausführt.

Die Schule, aber auch die Familie als Wissens- und Informationsquelle stehen heute in starker Konkurrenz zu digitalen Medien. Eindringliche Bilder, aufwühlende Hintergrundmusik, rasche Abfolge von Szenen und Special Effects hinterlassen direkt, blitzschnell und unbewusst Spuren im Gehirn. Derartige Eindrücke sind tiefer und spannender als schulische oder familiäre Ange-

## Faustregel zur Mediennutzung

Beobachten Sie Ihr Kind, wie es sich nach dem Medienkonsum verhält: Ist es im Großen und Ganzen zufrieden und sucht nach anderen Aktivitäten? Kann es von sich aus den Bildschirm ausschalten? Dann besteht meist kein Grund zur Sorge. Oder verhält sich Ihr Kind unzugänglich und wechselt am liebsten vom Fernseher zum PC und von dort zur Spielkonsole? Müssen Sie tagtäglich reden und diskutieren? Wissen Sie nicht, wo sich Ihr Kind in den digitalen Welten aufhält, weil es sich einschließt oder nicht darüber reden will? Dann läuft etwas schief und Ihr ruhiges, aber bestimmtes Eingreifen ist gefragt.

bote. Deshalb hören manche Eltern heute oft: »Nein, ich bleib lieber zu Hause, ich will nicht mit zum Wandern!« Denn zu Hause ist es bequem und trotzdem aufregend. Computer und Co. bieten ohne Ortswechsel immer neue Reize, das Gehirn kommt zu schnellen Erfolgen und Glückshormone werden ausgeschüttet.

Wenn der kindliche Körper ein Bewegungsdefizit hat, das Gehirn sich jedoch von der Konzentration beim Computerspiel erholen muss und Ruhe braucht, kann das Kind sich schwer auf andere Inhalte konzentrieren. Es fühlt sich unruhig und müde gleichzeitig. Kinder haben dafür noch keine differenzierten Beschreibungen parat, sondern wirken einfach lustlos, unmotiviert und unkonzentriert. Nicht jede Aufmerksamkeitsstörung hat wirklich mit ADHS, der falschen Schule oder einem langweiligen Unterricht zu tun. In manchen Fällen führt auch eine ständige mediale Überdosis zur Nullbock-Haltung.

## Eltern sind Vorbild

Das bloße Einschränken der Zeit vor dem Bildschirm oder ein Verbot reichen leider nicht aus, um der Verführung zu widerstehen. Oft kommt es zu Streit und Diskussionen zwischen den Eltern und ihrem Kind. Vor allem Kinder, die in Großstädten leben, brauchen gezielte alternative Angebote. Sonst langweilen sie sich in der verordneten, medienfreien Zeit so sehr, dass sie sich umso mehr nach dem Bildschirm sehnen. Abenteuer mit echten Freunden, Sport zum Auspowern, Spielen mit Händen und Füßen oder Ausflüge in die freie Natur müssen von Anfang an regelmäßig auf dem Plan stehen, sonst verlieren die Kinder den Bezug dazu.

Unser Vorbild ist gefragt! Wenn Mama abends Stunden in sozialen Netzwerken verbringt und Papa daneben regelmäßig vor dem Fernseher noch mit dem Smartphone in der Hand einschläft, können Kinder den guten Umgang mit Medien nicht lernen. Besser: von Anfang an gemeinsamen Aktivitäten Vorrang geben, Spielerunden organisieren und Klassenkameraden einladen. Dann darf auch mal gemeinsam vor dem PC gespielt werden.

**Achtung:** Zum Erholen direkt nach dem Lernen taugen die Medien leider auch nicht. Die Forschung hat bewiesen, dass frisch Gelerntes Zeit braucht, um ins Langzeitgedächtnis überzugehen.

Wenn gleich nach dem Lernen zu viele Reize das Gehirn überschwemmen, wird das Behalten des Stoffs behindert.

## Mit Medien lernen

Lernen über Computer und Lernprogramme ist ein vieldiskutiertes, heikles Thema. Immer mehr Schulen bieten bereits Arbeits- und Übungsmöglichkeiten am Bildschirm an. Manche Kinder in unserer Zeit sind geborene Autodidakten in Sachen Mediennutzung. Sie haben ihr technisches Verständnis scheinbar mit der Muttermilch aufgesogen, lieben Lernprogramme am PC und scheuen keine technischen Herausforderungen. Egal ob Einmaleins, Rechtschreibübungen oder Fremdsprachen: Kaum sitzt das Kind vor dem PC, ist es mit ganzer Aufmerksamkeit dabei und merkt sich den Lernstoff auch noch gut!

Lassen Sie Ihr Kind Lernprogramme, Internet und Fernsehbeiträge sinnvoll nutzen. Achten Sie aber besonders gut darauf, dass das Schulkind nicht vereinsamt. Auch andere Lernmethoden sind wichtig! Bücherlesen und Schreiben im eigenen Heft können nicht ersetzt werden, weil es ganz andere Gehirnregionen fordert und fördert. Eine offene Tür für Klassenkameraden und Freunde, gemeinsame Lerngruppen und Spaß in Umwelt und Natur sind zum Ausgleich wichtig. Auch Kinder, die besonders gut über Medien lernen und gerne beim Üben alleine vor dem Bildschirm sitzen, sind soziale Wesen!

## Faszination Smartphone und mobiler Internetzugang

Handys für Kinder sind auch für Erwachsene nicht ganz unpraktisch: Eltern müssen sich keine Sorgen machen, wo die Tochter oder der Sohn gerade stecken – ein Anruf oder eine SMS genügt. Doch immer früher melden Kinder weitere Wünsche an. Apps sind der Hauptgrund, warum Kinder und Jugendliche kein einfaches Handy mehr möchten.

# Digitale Medien – Pro und Contra

Die Forschung beschäftigt sich in den letzten Jahren verstärkt mit dem Einfluss, den elektronische und besonders digitale Medien auf die kindliche Entwicklung ausüben.

Mediennutzung von Kindern wird kontrovers diskutiert. Für interessierte, nachdenkliche Eltern stellt sich die schwierige Frage, wo sie sich selbst innerhalb dieser Meinungs- und Forschungsvielfalt positionieren.

## Die Contra-These

Der Universitätsprofessor Manfred Spitzer, einer der populärsten Neurowissenschaftler Deutschlands, beschreibt in vielen Büchern und Interviews drastisch, wie negativ sich seiner Forschung nach Fernsehen, Computerspiele, Gameboys und regelmäßiges Surfen im Internet auf die Entwicklung von Kindern auswirken. Sein Fazit ist eindeutig: Digitale Medien erhöhen die Aggressivität und behindern eine gute Entwicklung des kindlichen Gehirns. Sie fördern Lese- und Konzentrationsschwächen und stören Lernen und Konzentration.

Seine Forschungsergebnisse zeigen, dass sich die Gehirne von Kindern, die von klein auf viel Zeit vor Bildschirmen jeder Art verbringen, anders entwickeln als Gehirne von Kindern, die wenig oder gar nicht in Kontakt mit diesen Medien kommen. Spitzer warnt eindringlich davor, dass digitale Medien die Sinne verkümmern lassen. Werde viel Zeit vor dem Bildschirm verbracht, bleibe das Vermögen, zu riechen, zu fühlen oder sich zu bewegen, lebenslang defizitär. Spitzer zitiert auch eine große neuseeländische Langzeitstudie über den Zusammenhang von Bildschirmkonsum und Bildung. Ergebnis: Je mehr Medienkonsum im Kindesalter erfolgt, desto schlechter ist die Bildungskarriere. Auch die Entwicklung der Intelligenz und der sprachlichen Fähigkeiten seien gefährdet.

## Die Pro-These

Patricia Marks Greenfield ist Entwicklungsforscherin und Professorin für Psychologie an der Universität von Kalifornien in Los Angeles. Sie kommt zu ganz anderen Ergebnissen und stellt einen Zusammenhang zwischen höheren IQ-Werten bei jungen Leuten und der gesteigerten Nutzung von Internet und Computerspielen her. Ihre Thesen untermauert sie mit Hilfe von kulturübergreifenden Intelligenztests. Greenfield kommt zu dem Ergebnis, dass vor allem in Kulturen, die digi-

tale Medien vermehrt nutzen, der IQ ständig zunimmt. Professor Greenfield geht davon aus, dass sich durch die Nutzung digitaler Medien in der Kindheit besonders die Fähigkeiten zur Verarbeitung visueller Informationen, räumliches Orientierungsvermögen und die bildliche Assoziationsfähigkeit gesteigert haben. Allerdings untersuchte Greenfield weder die Sprach- noch die Lesekompetenz noch andere intelligente Leistungen.

## Viele Meinungen – was nun?

Wichtig, so meinen viele Intelligenzforscher, ist jene Form der Intelligenz, die in der jeweiligen Kultur und der individuellen Lebenswelt am nützlichsten ist. So gesehen kann die bewusste, verantwortungsvolle Nutzung der digitalen Medien unsere Kinder auf die Welt, in der sie leben und in die sie hineinwachsen, gut vorbereiten.

Der Medienpädagoge Daniel Seitz, Mitglied im Bundesvorstand der Gesellschaft für Medienpädagogik und Kommunikationskultur, meint, die meisten Kinder hätten durchaus ein gutes Maß dafür, wie lange sie sich mit den elektronischen Geräten beschäftigen, und auch andere Interessen kämen nicht zu kurz. Ein ähnliches Ergebnis zeigte auch die »KIM-Studie 2010«: Bei den unter 12-Jährigen gehören immer noch »draußen spielen« und »Freunde treffen« zu den beliebtesten Beschäftigungen im Alltag.

Kerstin, 44, Mutter von Henrik

## Jetzt will er auch ein Smartphone!

>> *Unser zehnjähriger Sohn Henrik kennt sich am PC schon recht gut aus, er spielt mäßig an der Spielkonsole und hat seit drei Jahren ein eigenes Handy. Gerade hat er die Schule gewechselt. In der ersten Woche erzählte er beim Mittagessen zu Hause begeistert, dass sein neuer Freund Ben zum Geburtstag ein Smartphone bekommen hat: »Die Spiele und verschiedenen Apps da drauf sind echt cool. Das finden alle Jungs.« Am Nachmittag nach den Hausaufgaben kam Ben zu uns. Spielkonsole und Fernseher blieben zwar dunkel. Beide Jungs saßen aber mit zusammengesteckten Köpfen voll konzentriert im Kinderzimmer über dem Smartphone, obwohl draußen die schönste Herbstsonne lachte. Beim Abendessen druckste Henrik herum, dann fasste er seinen ganzen Mut zusammen und sagte: »Mama, Papa, ich habe bald Geburtstag. Ich wünsche mir auch ein Smartphone. Alle meine Freunde haben eines.« Mein Mann und ich sahen uns an, dann sagte mein Mann: »Darüber denken Mama und ich erstmal in Ruhe nach.« Auf der einen Seite verstehen wir den Wunsch unseres Sohnes, auf der anderen Seite gibt es auch viele Gründe, die dagegen sprechen. Wie sollen wir entscheiden?* <<

Viele Eltern kennen diese Situation: Das Kind kommt aus der Schule und erzählt von den neuesten Errungenschaften der Mitschüler. Besonders Smartphones stehen hoch im Kurs. Kinder und Jugendliche sind fasziniert von den zahlreichen Möglichkeiten, die sie bieten, und möchten natürlich auch eines haben. Denn Tippen, Wischen, Surfen, Fotografieren und Spielen – das geht schnell und einfach. Smartphones sind jedoch kein Einstiegsgerät für Kinder. Erst wenn Kinder schon genug Erfahrung mit Handy und Internet haben, sicher damit umgehen und auch um die Gefahren wissen, sind sie reif genug für ein eignes Smartphone.

### Tipps für dem Umgang mit Handy und Smartphone

Allgemeine Tipps sind immer mit Vorsicht zu betrachten, weil jede Familie und jedes Kind individuell und einzigartig ist. Dennoch gibt es ähnliche Überlegungen und Erfahrungen bei vielen Eltern, die die Orientierung erleichtern können:

- Sprechen Sie mit Ihrem Kind genau über seinen speziellen Handy- oder Smartphone-Wunsch. »Warum möchtest du genau dieses Gerät? Was willst du damit tun? Weißt du über die laufenden Kosten Bescheid und wie hoch sind sie?« Wenn das Kind das »smarte Telefon« hauptsächlich haben möchte, weil es »alle anderen« auch haben, nehmen Sie Kontakt mit anderen Eltern auf – selten sind »alle anderen« wirklich alle! Smartphones sollten vor allem nicht als Spielzeug oder hauptsächliche Freizeitbeschäftigung des Kindes angeschafft werden.
- Im Grundschulalter reichen herkömmliche Handys meist aus. Geht es vor allem darum, dass das Kind telefonisch erreichbar ist, selbst jemanden anrufen, SMS schreiben oder Fotos machen kann, dann reicht ein gewöhnliches Mobiltelefon mit

Prepaidkarte. Hier sind auch die Kosten überschaubar und ein möglicher Verlust ist nicht so schlimm.

- Vereinbaren Sie klare Regeln, zum Beispiel: Beim Essen wird das Gerät weggelegt, bei den Hausaufgaben oder nach dem Abendessen wird es ganz ausgeschaltet. Passen Sie Vereinbarungen aber laufend dem Alter des Heranwachsenden an, sonst werden sie möglicherweise still und leise umgangen.
- Sollten Sie sich gemeinsam für ein Smartphone entscheiden, dann erklären Sie Ihrem Kind genau, warum gewisse Funktionen und Möglichkeiten, zum Beispiel der unlimitierte Internetzugang, eingeschränkt werden. Denn Smartphones sind kleine Computer und bergen somit auch alle Risiken eines großen PCs – mit dem Unterschied, dass das Kind den Minicomputer immer bei sich trägt und Eltern schwer den Überblick darüber behalten können, was alles damit gemacht wird. Warnen Sie das Kind auch vor unbekannten oder kostenpflichtigen Apps und nutzen Sie technische Schutzmöglichkeiten, wie zum Beispiel Filterprogramme für Smartphones.
- Ein verstecktes Kontrollieren des Smartphones durch die Eltern ist wie das Lesen eines Tagesbuchs und kommt einem Eindringen in die Privatsphäre des Kindes oder Jugendlichen gleich. Denn sie haben, wie viele Erwachsene auch, ihre private Post, Fotos, Filme und sogar ganz geheime Notizen digital bei sich. Besser ist es, wenn Sie ein wenig länger mit der Anschaffung eines solchen Geräts warten, gemeinsam den PC oder Laptop benutzen und präventiv über die Gefahren aufklären, als später dann aus Sorge das Gerät des Kindes ausspionieren und damit das Vertrauen des Sprösslings zerstören und die Beziehung gefährden.

## Hier gibt es jede Menge weiterer Informationen für Sie und Ihr Kind

**Allgemeine Infos zum sicheren Internetgebrauch:**
www.jugendschutz.net
www.internet-abc.de
www.klick-tipps.net,
www.saferinternet.de
www.klicksafe.de
**Erste deutschsprachige Suchmaschine für Kinder:**
www.blindekuh.de
Infos und Tipps für Eltern rund ums Handy:
www.handy-in-kinderhand.de
**Datenbank für Unterhaltssoftware, Altersempfehlungen für Computerspiele:**
www.zavatar.de
www.bundespruefstelle.de

- Sprechen Sie mit Ihrem Kind offen über jugendgefährdende Inhalte, z.B. Gewalt, Pornografie oder Glücksspielseiten. Auch wenn diese bei dem Mobiltelefon Ihres Kindes gesperrt sind, kann es bei Freunden Zugang zu solchen Inhalten bekommen. Dann ist es wichtig, dass es sich vertrauensvoll einem Erwachsenen mitteilt.
- Tauschen Sie mit anderen Eltern Erfahrungen aus und bilden Sie sich selbst technisch weiter. Dann sind diese Geräte regelrechte Allroundtalente, mit vielen tollen, unbedenklichen Funktionen.

**Grundsatz:** Zuerst sollte Ihr Kind einen verantwortungsvollen Umgang mit dem großen PC lernen, dann ist es meist auch für den Umgang mit dem kleinen Computer – dem Smartphone – gewappnet.

# Baustein 3:
# Individuelles Lernen

Lernen kann man nicht erzwingen, sondern nur anregen,
fördern und begleiten. Wie können wir unsere Kinder dabei
am besten unterstützen?

# Kinder sind Weltmeister im Lernen

Kinder tun eigentlich nichts anderes: Sie lernen von Geburt an ununterbrochen, ohne dass jemand sie dazu auffordert, zuerst automatisch, später auch gesteuert.

Wir Menschen haben eine Königsdisziplin und sie heißt: Lernen. Niemand kann das so gut wie wir. In unserem Gehirn gibt es unzählige neuronale Netzwerke, die umso mehr wachsen und umso stabiler verknüpft werden, je öfter wir sie benutzen. Wer jeden Tag Sudokus löst, bekommt darin Routine, wer täglich zwanzig SMS schreibt, wird immer schneller, wer jeden Tag das Einmaleins übt, ist bald Meister. Im Gehirn wachsen nämlich die Bereiche, die beansprucht werden.

Die absoluten Weltmeister im raschen Lernen sind Kinder: Binnen weniger Monate lernen sie greifen, krabbeln, laufen, singen und reden, ohne dass wir sie dazu drängen. Fünfjährige können meist schon Fahrrad fahren, Siebenjährige können lesen, schreiben, Fußball spielen und Handys bedienen. Sie merken sich ganz nebenbei, wie viele Stacheln ein Igel hat, und können ihre Lieblingsgeschichte auswendig. Lernen, so sagt der Neurobiologe und Hirnforscher Gerald Hüther, geht vor allem in diesem Alter fast von selbst.

Dennoch: Wer je mit einem Achtjährigen, der gerade unbedingt seine Lieblingsserie im Fernsehen sehen will, das Einmaleins üben möchte, sieht das vermutlich ein wenig anders. Deshalb braucht es für das schulische Lernen gezielte Motivation und gute Rahmenbedingungen.

## Die Schule verändert das Lernen

Mit dem Schuleintritt verändern sich die Anforderungen an das Lernen. Zum hauptsächlich spielerischen Lernen kommen die verpflichtenden Stoffinhalte des Lehrplanes für die jeweilige Schulart. Manche Schüler verstehen schnell, können sich von Anfang an gut organisieren und brauchen wenig zusätzliche Hilfe. Andere brauchen besonders am Anfang mehr Unterstützung. In jedem Fall ist es wichtig, realistische, individuelle Ziele zu setzen. Natürlich sollen Kinder selbst Verantwortung übernehmen, denn ohne ihre aktive Mitarbeit und einen festen

lichkeiten vorhanden, um alles innerhalb kurzer Zeit bereitzustellen. Das trägt dazu bei, dass der Geduldsfaden in Familien oft äußerst dünn gesponnen ist. Um beim Lernen dranzubleiben, auch wenn es manchmal langsam geht und anstrengend ist, braucht es jedoch eine Portion Geduld.

Kinder lernen Geduld, wenn sie nicht immer alles sofort bekommen, was sie haben möchten, und wir selbst ein gutes Beispiel sind. Wenn das Mäppchen noch tadellos in Ordnung ist, muss kein neues gekauft werden, wenn die Hausaufgabe noch nicht fertig ist, wird mit dem Kuchenessen eben noch etwas gewartet.

Ausnahmen sind natürlich die emotionalen Bedürfnisse eines Kindes: Wenn es sich wehgetan hat oder dringend Zuspruch braucht, sollten Mama oder Papa wenn möglich sofort da sein.

Willen erreichen auch die engagiertesten Eltern nichts.

Wir können Kinder von klein auf fördern, aber wir können nicht für sie lernen. Wir Erwachsene sind vor allem für gute Rahmenbedingungen zuständig, denn die grundlegenden Kompetenzen für erfolgreiches Lernen in der Schule kommen aus dem Elternhaus.

## Lernen braucht Geduld

In der Schule können nicht immer alle reden und nicht jeder Wunsch wird sofort erfüllt. Eine Gemeinschaft bringt es mit sich, dass man manchmal erst am Ende drankommt. Geduld und Warten ist in unserer Zeit recht schwer zu lernen, weil es wenig Übungsmöglichkeiten gibt. Wir und auch unsere Kinder sind es gewohnt, vieles sofort und ohne Anstrengung und Geduld zu erhalten. Die Geschäfte sind übervoll, im Internet gibt es fast alles auf Knopfdruck. In unserer Gesellschaft sind die Technologien und Mög-

## Fehler sind willkommen

Lernen kann nur funktionieren, wenn Irrtum erlaubt und willkommen ist. Fehler sind eigentlich Freunde und helfen beim Lernen. Wenn Ihr Kind zum Beispiel einen Rechtschreibfehler gemacht hat, bessern Sie diesen nicht sofort aus. Besser: Es sucht selbst und vergleicht im Wörterbuch oder im Internet die richtige Schreibweise. Das stärkt den Entdeckerdrang und das Selbstwertgefühl. Fehler selbst korrigieren können ist eine Kernkompetenz erfolgreicher Menschen. Bildungsforscher sprechen von einer »positiven Fehlerkultur«, die in die moderne Pädagogik Einzug halten sollte. Damit ist natürlich nicht gemeint, dass Sie Ihr Kind hängen lassen. Aber ermuntern Sie es erst einmal, selbst zu suchen, und zeigen Sie nicht sofort, dass Sie alles besser wissen.

Um die Fehlersensibilität Ihres Kindes zu erhöhen, ist es gut, wenn zwischen Fehler und Fehlersuche eine Pause liegt. Wenn einige Zeit vergangen ist, gelingt es leichter, Fehler zu entdecken. Also besser erst nach dem Spielen den Text noch einmal anschauen.

### Eine wahre Begebenheit: Der kleine Wissenschaftler

Wussten Sie das? Der Vater des bekannten Verhaltensforschers Konrad Lorenz war ein passionierter Käfersammler. Eines Tages fand der kleine Konrad einen braunen Käfer, den er nicht kannte. Lorenz Senior war begeistert. »Ein ganz seltenes Exemplar! Leider fällt mir der Name nicht ein. Aber du weißt, wo mein Käferbuch steht, vielleicht findest du ihn ja dort.« Nach einer Weile kam Lorenz Junior stolz zurück: »Papa, es ist ein Juni-Käfer.« Der Vater war begeistert: »Du weißt ja, ich bin Wissenschaftler. Und wir Wissenschaftler benutzen eigentlich lateinische Namen für die Tiere. Meinst du, du kannst ihn für mich nachschlagen?« Begeistert präsentierte der Sohn einige Zeit später den richtigen Namen.

Es ist nicht überliefert, ob das seltene Käferexemplar wirklich die Initialzündung für das spätere Zoologie-Studium und die Forscherkarriere von Konrad Lorenz war. Klar ist aber, dass Erlebnisse wie diese unsere Kinder ermutigen, auf eigene Faust weiterzuforschen, neugierig zu sein und gerne zu lernen.

## Bitte nicht stören

Ist Ihr Kind intensiv mit seinen Aufgaben beschäftigt oder selbstvergessen in ein Buch vertieft, stören Sie nicht, wenn es nicht un-

bedingt sein muss. Gibt es bald Abendessen, kündigen Sie es leise zehn Minuten vorher an, dann kann sich das Kind darauf einstellen. So lernt es auch, Zeitspannen besser einzuschätzen, und das ist wichtig für eine gute Lernplanung. Außerdem lernen unsere Kinder Rücksichtnahme nur, wenn sie selbst Rücksicht erfahren.

Zeigen Sie Ihrem Kind, dass Sie auch selbst beim konzentrierten Arbeiten nicht gestört werden möchten. Wenn Sie eine wichtige Sache zu erledigen haben, sollte klar sein: Ich bin wieder für dich da, wenn ich fertig bin. Erledigen Sie nicht fünf Dinge gleichzeitig nebenbei. Die Trinkschokolade hat Zeit, bis Sie fertig sind. Wenn Sie eine knifflige Reparatur im Haushalt durchführen oder selbst für eine Fortbildung lernen, müssen Sie nicht zwischendurch Aufgaben kontrollieren oder Butterbrote schmieren.

## Ausdauer und Selbstdisziplin

Auch das begabteste Kind stößt an Grenzen, wo das bloße Hinhören in der Schule nicht mehr genügt. Niemand hat das Einmaleins nur durch Zuhören gelernt oder alle Vokabeln sofort fehlerfrei gespeichert. Selbstdisziplin heißt die Fähigkeit, Dinge zu Ende zu bringen und Ziele zu erreichen, auch wenn es Überwindung kostet oder sich Hindernisse in den Weg stellen.

》 **»Es ist nicht genug zu wollen, man muss auch tun.« – Johann Wolfgang von Goethe (1749–1832)**

Experten aus der Lernforschung haben nachgewiesen, dass weniger begabte Menschen sogar höhere Leistungen erbringen können als sehr Begabte, wenn sie ausdau-

## Durchhalten und sich selbst belohnen

Nehmen Sie sich regelmäßig am Abend gemeinsam etwas für den nächsten Tag vor, das nicht zur Tagesroutine Ihres Kindes gehört. Es sollte ein Vorhaben sein, das Ihr Kind selbst will, das aber ein wenig Überwindung und Willenskraft braucht, zum Beispiel am Morgen zeitig aufzustehen, um bei dem Spaziergang mit dem Hund dabei zu sein. Oder das Einmaleins noch einmal vor dem Schlafengehen zu üben.

Wichtig ist, dass der gute Vorsatz dann auch tatsächlich am nächsten Tag umgesetzt wird. Notieren Sie gemeinsam das Vorhaben, denn das Aufschreiben erfüllt drei Zwecke: Erstens verhindert es das Vergessen, zweitens wirkt das Aufschreiben wie ein wichtiger Vertrag mit sich selbst. Und drittens können Kinder das tolle Gefühl kennenlernen, Erledigtes selbst abhaken oder durchstreichen zu dürfen. Als Vater oder Mutter sollten Sie das Kind bestenfalls daran erinnern, nicht aber kompromisslos darauf bestehen. Überlegen Sie gemeinsam mit Ihrem Kind, wie es sich selbst belohnen möchte. Das muss nichts Großartiges sein, zum Beispiel ein kleiner Sticker, den das Kind selbst aufklebt, oder das Lieblingseis, das es sich selbst holt. Wichtig ist, dass das Kind sich selbst bewusst belohnt. Schließlich geht es um Selbstdisziplin und nicht um Gängelung und Belohnung von außen.

erndernd sind. Natürlich bekommen Menschen diese Fähigkeit nicht fix und fertig in die Wiege gelegt. Kinder lernen Ausdauer und Selbstdisziplin von klein auf, wenn sie genug Zeit bekommen, sich in eine Sache ohne Zeitdruck zu vertiefen, und wenn sie immer wieder ermutigt werden, nicht vorschnell aufzugeben. Mit der Selbstdisziplin ist es wie mit einem Muskel, der mit der Übung wächst. Auch das Training selbst macht irgendwann Spaß. Und das ist wichtig, denn Kinder lernen nicht gerne für weit entfernte Ziele wie Schulabschlüsse in vielen Jahren.

## Motivation: Der Schlüssel zum Lernen

Kinder lernen leicht, wenn sie neugierig und motiviert sind. Denn was motiviert, interessant und faszinierend ist, wird auch konsequent verfolgt. Neurologisch gesehen hängt die Motivation von der Menge der Botenstoffe im Gehirn ab. Ist eine Aufgabe erfolgreich gelöst, belohnt das Gehirn diesen Erfolg mit der Ausschüttung von Glückshormonen. Stolz können dann weitere Aufgaben und Herausforderungen in Angriff genommen werden. Die Hirnforschung liefert Beweise, dass die Lernfähigkeit anhält und tendenziell sogar steigt, wenn sie in Übung bleibt und gefordert wird. Dazu braucht es Motivation, Interesse, Erfolge und lebenslange Neugier. Menschen, die als Kind ihrer Neugier folgen durften, behalten auch als Erwachsene die Freude am Lernen und Neuentdecken.

» »Neugier ist die Triebfeder dessen, was der Mensch von allen Lebewesen auf der Erde am besten kann, womit er deswegen auch seine meiste Zeit verbringt und was er ohnehin am liebsten macht: Lernen!« – Manfred Spitzer

# Ein Ausflug in die Lern- und Gedächtnisforschung

Die Leistung des menschlichen Gehirns hängt nicht nur von seiner Nutzung ab, sondern auch Emotionen beeinflussen die Lernfähigkeit und das Gedächtnis.

Das Gedächtnis funktioniert beim Lernen, vereinfacht gesagt, ähnlich wie ein Computer. Es werden jeden Tag neue Ordner angelegt und bestehende werden erweitert. Wenn diese Ordner gut und sicher abgespeichert sind, können wir bei Bedarf darauf zugreifen. Und je öfter wir einen Ordner im PC benutzen, desto schnell finden wir ihn und desto besser kommen wir mit seinen Inhalten zurecht. Je öfter wir uns mit einer Sache beschäftigen, je öfter wir eine Fähigkeit üben und auch anwenden, desto sicherer werden wir. Denn beim Lernen werden immer wieder neue Verbindungen zwischen den Nervenzellen, den Synapsen, aktiviert und verstärkt. Diese neuronalen Netzwerke verdichten sich. Und je öfter sich ein Prozess wiederholt, desto leichter lässt sich dieses Netzwerk aktivieren. Lernen lebt also von Wiederholung und Übung.

## Positive Emotionen sind wichtig für den Lernerfolg

Der wesentliche Unterschied zum PC aber ist, dass wir Ordner in unseren Gehirnen nicht neutral anlegen können, sondern nur in Verbindung mit Emotionen. Wenn Sie an Ihren Physikunterricht in der Schule zurückdenken, kommt damit automatisch auch ein mehr oder weniger starkes Gefühl mit. Die Gedächtnisordner werden nämlich automatisch kategorisiert, von gleichgültig, angenehm bis angstbesetzt, von grau, hellgrün bis giftig rot, wenn man es mit Farben ausdrücken möchte. Jede Situation, jeder Lerninhalt wird ganz intuitiv sozial und emotional bewertet. So gesehen hat jedes Kind ein individuelles Spektrum an Ordnern von verschiedenen Farben in seinem Gedächtnis. Die giftroten Ordner sind die gefährlichen Ordner, sie sind angstbesetzt und neigen dazu, das Denksystem und den Lernprozess zu blockieren. Vor allem Angst und Selbstzweifel färben die Ordner giftig. Die Anzahl der giftigen Ordner hängt aber nicht nur davon ab, wie viel subjektiv negative Gefühle damit erlebt werden, sondern auch, wie die Menschen rundherum reagieren. Reagieren die Eltern auf eine schlechte Note extrem besorgt oder gar mit Strafen? Wird eine Ungeschicklichkeit mit einer zynischen Bemerkung kommentiert? Wird das Wochenendprogramm wegen einer verpatzen Schularbeit gestrichen? Die grellen Ordner werden freiwillig fast nie mehr geöffnet. So kommt es zum Beispiel,

dass ein Mensch nur unter Zwang und Angst eine bestimmte Formelsammlung lernt und im späteren Leben dann jegliches Interesse an mathematischen Herausforderungen verliert und vermeidet.

Lebt ein Kind in einem ängstlichen oder stressigen Umfeld oder hat es selbst Angst, so wird es neue Aufgaben und Herausforderungen leicht als Gefahr und Überforderung bewerten und versuchen, sie zu vermeiden. Bei Kindern, die oft hören, dass Schule schwer ist oder dass sie selbst zu langsam, zu unbegabt oder zu unselbständig sind, kann sich aktive Lernbereitschaft oder gar Freude am Lernen nur schwer entwickeln. Die emotionale Grundstimmung in Familie und Schule spielt eine wichtige Rolle beim Lernen. Gute Laune und eine offene Kommunikation verbessern die Lernfähigkeit.

Es gibt zum Glück noch einen gravierenden Unterschied zum PC: Die Farben der Ordner können permanent verändert werden. Sie färben sich vor allem durch neue Erfahrungen um. Dabei kommt das Belohnungszentrum im Gehirn ins Spiel. Ob wir etwas gerne und mit Freude tun, hängt davon ab, wie viele Glückshormone dadurch entstehen. Hat ein Kind sich durch die Formelsammlung gekämpft und hat dann wirklich Erfolg bei der Prüfung, entstehen Glückshormone und diese können Ordner blitzschnell umfärben: Interesse und Freude am Lernen sind geweckt, die Motivation ist lebendig. Auch gute Beziehungen und nette Menschen können Ordner umfärben. So kann zum Beispiel ein uninteressanter Lernstoff durch eine neue, freundliche Lehrerin oder durch den Wunsch, der Sitznachbarin zu imponieren, attraktiv werden.

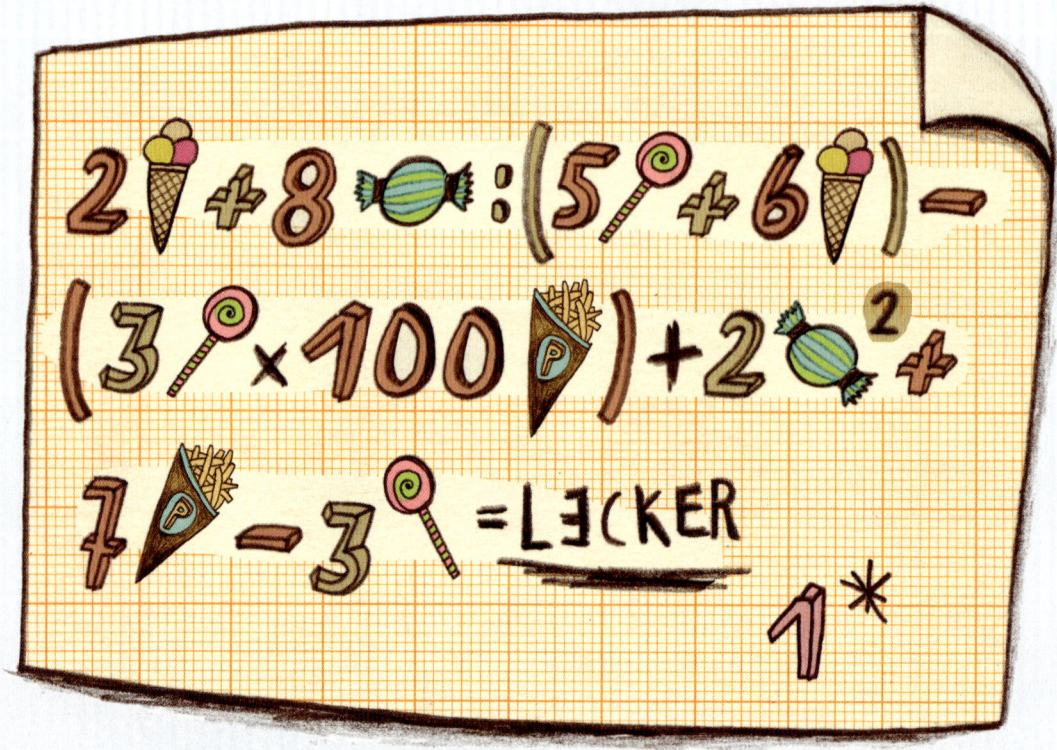

Es lohnt sich zu überlegen, auf welche Art ein Ordner schön umgefärbt werden kann, denn das motiviert für weitere Anstrengungen. Verunsicherte, ängstliche Schüler sind beim Lernen eher im Energiesparmodus unterwegs, weil sie eine negative Erwartung haben. Sie tun meist nur das Nötigste, um ja nicht aufzufallen. Dadurch schöpfen sie ihre Potenziale aber nicht aus. Die Fröhlichen und Neugierigen haben die Nase vorn.

Ein Kind entscheidet sich intuitiv für oder gegen eine Anstrengung, je nachdem, wie viel oder wie wenige Glücksgefühle das Gehirn erwartet. Dadurch wurde in der Evolution sichergestellt, dass Energie vor allem dort investiert wird, wo auch die Aussicht auf Erfolg besteht. Eine positive Erwartungshaltung beflügelt.

## An Erfolgen wachsen und Motivation aufbauen

»Wir müssen Kinder anzünden wie Fackeln und dürfen sie nicht abfüllen wie Fässer«, fordert der Hirnforscher Gerald Hüther. Und weiter sagt er: »Natürlich wissen wir Erwachsene mehr als Kinder, aber das müssen wir nicht laufend raushängen lassen. Bloße Belehrung ist Klugschwätzerei. Stattdessen sollten wir die kindliche Entdeckerfreude fördern, sie inspirieren, ihnen helfen, ihre Potenziale zu entfalten.«

Halten Sie in diesem Sinne gemeinsam mit Ihrem Schulkind nach seinen Erfolgen in Schule und Freizeit Ausschau, helfen Sie mit, geleistete Arbeit und Entwicklung sichtbar zu machen.

## Gemeinsam feiern:
## Der Erfolgsteppich

Der Erfolgsteppich ist besonders für Schulanfänger und Grundschulkinder eine tolle Möglichkeit, ihren Schulalltag mit den Eltern zu teilen. Denn durch diese Übung bekommen Sie als Eltern einen Einblick in die Arbeit Ihres Kindes. Gleichzeitig ist sie ein Anlass, um sich gemeinsam zu freuen aber auch über eventuelle Veränderungen zu beraten.

Am Ende jeder Woche soll Ihr Kind seine Schulsachen, soweit es möglich ist, mit nach Hause bringen. Dann wird in einer ruhigen gemütlichen Stunde auf dem Kinderzimmerboden eine große Decke, ein schönes Tuch oder ein bunter Bettüberwurf ausgebreitet – »der Erfolgsteppich«. Darauf kommen nun alle Sachen, die das Kind in der Woche gemacht hat und zeigen möchte. Lassen Sie Ihr Kind ruhig alleine im Zimmer, es freut sich sicher, wenn es selbständig Bücher, Hefte, Mappen oder Blätter kunstvoll drapieren kann.

Dann werden Sie von Ihrem Schulkind zur »Bescherung« hereingeholt. Betrachten Sie alle ausgelegten Dinge genau: Lassen Sie sich erzählen, wie die Dinge zustande gekommen sind, fragen Sie interessiert nach: »Hast du das alleine gemacht oder wart ihr da in einer Gruppe? Was hat dir am meisten Spaß gemacht? Worüber freust du dich besonders? Was ist dir schwerer gefallen?« So tankt Ihr Sprössling Selbstwertgefühl und lernt gleichzeitig, über sich selbst nachzudenken und seine Arbeit zu präsentieren. Hören Sie genau zu, aber vermeiden Sie übermäßiges Jubeln oder gar Enttäuschung, wenn etwas nicht so perfekt ist. Freuen Sie sich gemeinsam über den Erfolg dieser Schulwoche und feiern Sie ein wenig, indem Sie zusammen ein Glas Saft trinken oder ein Foto von der schönen

Bescherung machen. Am Ende der Präsentation räumt Ihr Kind selbständig alles wieder ordentlich in den Schulranzen ein. Nebenbei werden gemeinsam stumpfe Stifte gespitzt oder lose Blätter in Mappen geordnet. Zusammen macht das Spaß, und ohne lästiges Tadeln lernt Ihr Kind spielerisch, seine Sachen in Ordnung zu halten. So startet Ihr Kind sicher voll motiviert in die nächste Woche!

Diese Tradition können Sie auch fortsetzen, wenn Ihr Kind älter wird. Setzen Sie sich einmal in der Woche oder am Wochenende gemütlich zusammen und lassen Sie sich berichten und zeigen, was es in der Schule Neues gibt, was gelernt wurde und was besonders gut gelungen ist. Die Begründung »Du hilfst mir damit, wenn ich das nächste Mal zum Elternsprechtag gehe« ist erstens richtig und wird zweitens auch von Jugendlichen gut verstanden.

Wenn Ihr Sprössling damit einverstanden ist, lassen Sie Ihren pubertierenden Schüler seine persönlichen Erfolge wie gute Zensuren oder kreative Zeichnungen mit dem Smartphone fotografieren. Zu Hause können Sie sich gemeinsam in Ruhe alles ansehen und darüber plaudern. Außerdem trägt der Sohn oder die Tochter dann die Erfolge immer bei sich.

Alle diese Übungen dienen nicht dazu, Misserfolge oder Schwierigkeiten unter den Teppich zu kehren. Aber sie helfen den Kindern und Jugendlichen dabei, den Blick auf das Positive im Schulalltag zu lenken, ein gutes Selbstwertgefühl zu entwickeln und sich ihrer Stärken bewusst zu werden. Wer um seine Stärken und Erfolge weiß, kann auch Probleme lösungsorientiert anpacken und mit Misserfolgen besser umgehen. Und wir Eltern bleiben dadurch am Ball und sind informiert, was im Schülerleben gerade so läuft.

## Langfristig motiviert durch die Schule

In der Schulzeit geht es primär darum, einen gewissen Status an Interesse über Jahre hinweg aufrecht zu erhalten. Klar, wir wünschen uns, dass unsere Kinder immer gerne und interessiert zur Schule gehen. Aber Hand aufs Herz: Gehen Sie täglich gleich begeistert und freudig Ihrer Arbeit nach? Selbst wenn Schule immer spannenden Unterricht bieten würde, könnte sie nicht immer alle Kinder gleichzeitig begeistern und mitreißen.

Schule verlangt von unseren Kindern auch Durchhaltevermögen, wenn sie gerade andere Interessen oder Sorgen im Kopf haben. Die beste Freundin, die gerade tuschelnd mit einem anderen Mädchen über den Schulhof spaziert, beeinflusst garantiert die Motivation für die nächste Sachkundestunde.

Tatsache ist, dass die Motivation von vielen Faktoren abhängig ist und emotionalen Schwankungen unterliegt. Wenn es aber über lange Zeit zu Langeweile oder gar Abneigung gegen schulisches Lernen kommt, müssen die Gründe erforscht werden.

### »Gut gemeint« ist keine Motivation

Motivation kann leider nicht verordnet werden. Sie kommt von innen, aus eigener Entscheidung, durch eigene Ziele und individuelle Wünsche.

Stellen Sie sich vor, Ihr Chef erklärt Ihnen freudig: »Ich habe für Sie ein Seminar gebucht, damit Ihnen die Arbeit leichter von der Hand geht!« Welche Gedanken und Gefühle löst das in Ihnen aus? Ähnlich geht es Kindern, wenn sie hören: »Ich hab dich in einer tollen Lerngruppe angemeldet, die wird super!« oder »Die Sprachreise wird dich in Englisch auf Vordermann bringen!«

Der Vorgesetzte in diesem Beispiel meint es genauso gut wie die Eltern mit ihren Ideen. Aber weder der Angestellte noch das Kind wurde nach seinen eigenen Wünschen und seinem Einverständnis gefragt. Deshalb sind fremde Pläne langfristig nicht erfolgreich, auch wenn sie noch so gut gemeint sind. Nur ein eigenes Ziel motiviert und kann ausreichend Energie und Durchhaltevermögen mobilisieren. Wer es selbst will, verliert sein Ziel auch dann nicht aus den Augen, wenn sich Hindernisse oder kleine Misserfolge einstellen.

Wenn sich das Kind in unserem Beispiel selbst für die Lerngruppe entscheidet, wird es dort wahrscheinlich viel mehr profitieren.

## Die zwei Arten von Motivation

Motivation beinhaltet die Antriebskraft mit allen verschiedenen Gründen, aus denen sich ein Mensch mit einer bestimmten Sache beschäftigt. In Bezug auf das Lernen für die Schule sind unterschiedliche Faktoren denkbar, die Ihr Kind mehr oder weniger stark motivieren:

**Primäre Motivation:**  Ein Kind, das sich für Tiere interessiert, wird vermutlich gerne ein Referat über Löwen vorbereiten. Ein Schüler, der Freude an Zahlen hat, wird eine kniffelige Matheaufgabe mit Spannung angehen. Primäre Motivation hängt auch mit den Wünschen nach Kompetenz und Selbständigkeit zusammen: Ich will mich beweisen! Ich will mehr wissen! Primäre Motivation liegt vor, wenn gelernt wird, weil die Sache selbst interessant ist. Alle Fragen, die Kinder von klein auf an uns richten, entspringen der primären Motivation, mehr zu wissen. Auch laufen, reden und alleine essen lernt ein Kind dadurch.

## Mit Bonuspunkten zu Eigenmotivation und Lernfreude

Hat Ihr Kind Startschwierigkeiten, ins selbständig motivierte Lernen zu kommen, hilft es, zeitweise, äußere Anreize einzusetzen. Mit den Erfolgen kommen dann Interesse und Eigenmotivation meist von selbst.

Vereinbaren Sie gemeinsam Aufgaben und Tätigkeiten, die Ihrem Kind schwerfallen oder die mühsam sind: die leidige Korrektur der Klassenarbeit machen, für den Musiktest lernen, die Mappe ordnen ... Jedes Mal, wenn etwas davon erledigt wurde, bekommt Ihr Sprössling einen Bonuspunkt in Form von kleinen Stickern, Plastikchips, bunten Muscheln oder was Ihnen sonst einfällt. Das sind sichtbare Symbole für Erfolg und Durchhalten. Wenn 5, 10 oder 20 Punkte zusammengekommen sind, gibt es ein Geschenk, das es nirgends zu kaufen gibt: ein Zeitgeschenk von Mama oder Papa. Ein gemeinsamer Besuch im Planetarium mit Papa oder ein Kinobesuch mit Mama bieten Grund zur Vorfreude. Grundschulkinder lieben auch eine geschenkte Unsinn-Zeit mit Vater oder Mutter. In diesen 10 bis 15 Minuten dürfen nur sie bestimmen, was passiert: Kissenschlachten, Kochtopftrommeln, Rasierschaummalen – alles ist erlaubt. Je lustiger desto besser!

Durch Erfolge wird Schritt für Schritt der eigene Antrieb geweckt, durch die Zeitgeschenke bleibt er in Erinnerung. Wenn es gut läuft, kann das Punkteprogramm nach und nach wieder beendet werden.

**Sekundäre Motivation:** Wenn ein Kind lernt, weil es eine Belohnung möchte oder weil es einer Strafe entgehen will, hat das nichts mit der Aufgabe selbst zu tun, sondern mit den positiven oder negativen Folgen. Deshalb spricht man hier von sekundärer Motivation.

Oft sind beide Arten von Motivation eng miteinander verknüpft. Das ist auch okay so. Unsere Kinder lernen nun mal auch für Lob und Anerkennung, für ihre Eltern, für ihren Lieblingslehrer oder für ein schönes Zeugnis. Nicht immer ist der Stoff so interessant, dass er super motiviert.

Langfristiger, beständiger Erfolg braucht jedoch immer eine Portion primärer, innerer Motivation und Interesse an der Sache selbst, sonst geht die Lernfreude früher oder später verloren.

### Jedes Kind braucht Anerkennung

Anerkennung braucht jeder Mensch, mancher mehr, mancher weniger. Anerkennung geben heißt vor allem auch Orientierung geben. Positive Anerkennung bedeutet für Kinder: Das hast du gut gemacht. Dabei muss Anerkennung nicht immer verbal sein. Ein strahlendes Lachen oder eine klare Geste, wie ein nach oben gestreckter Daumen, drücken Freude und Wertschätzung aus, ein Schulterklopfen oder ein anerkennendes Nicken sind positive Rückmeldungen. Auch eine ehrliche, spontane Umarmung, ein Kuss oder von Papas starken Armen hochgehoben zu werden motiviert.

Positives Feedback soll sich immer auf die Sache, auf die gut gemeinte Absicht oder auf die geleistete Anstrengung beziehen und nicht auf die Person des Kindes. »Du hast dich bei der Biologie-Arbeit wirklich toll angestrengt!« Oder: »Das Lesequiz hast du gut hin gekriegt« ist besser als »Du bist super« oder »Du bist ein tolles Kind, weil du super lesen kannst.« Kinder dürfen auf keinen Fall das Gefühl vermittelt bekommen, dass sie als Person abgelehnt oder besonders geliebt werden, nur weil sie schlechte oder gute Noten heimbringen.

### Die »Ja aber«-Falle: Kritik und Lob nicht vermischen!

Lob und Kritik dürfen nie in einem Satz verpackt werden. »Du hast zwar keine Fehler, aber du hättest besser auf deine Schrift achten können« oder »Diesmal ist es noch gut gegangen, aber warten wir ab, wenn der Stoff schwieriger wird« oder »Du hast dich ja bemüht, aber leider ist es noch immer keine gute Note.« Solche Sätze verwandeln Lob sofort ins Gegenteil und machen es wirkungslos. Oder freuen Sie sich über so ein Kompliment: »Die Suppe schmeckt gut, aber leider ist sie viel zu kalt.«

Besser ist es, zunächst das Positive zu formulieren und, wenn nötig, zu einem anderen, späteren Zeitpunkt die Dinge zu besprechen, die noch verbessert werden können.

### Fragen Sie Ihr Kind nach seiner eigenen Einschätzung

Regen Sie Ihr Kind an, selbst Rückmeldungen zu geben: »Wie schätzt du selbst deine Leistung ein?« oder »Bist du mit deiner Note zufrieden?« oder »Was ist bei deiner Deutscharbeit besonders gut bzw. weniger gut gelungen?«

Je älter Ihr Kind wird, umso wichtiger ist es, dass es seinen eigenen Maßstab anlegt, um eine realistische Einschätzung gegenüber der eigenen Leistung zu entwickeln. Akzeptieren Sie diese Einschätzung dann auch. Wenn Ihr Zwölfjähriger in Biologie mit einer schlechteren Note zufrieden ist, weil er seine Kraft und Zeit für Englisch einsetzen will, ist das seine Entscheidung.

Eltern müssen auch nicht jede Arbeit immer loben. Schule ist für unsere Kinder das, was für uns der Beruf und die Alltagspflichten sind. Auch wir freuen uns über Anerkennung, brauchen sie aber nicht immer, um Leistung zu bringen. Erfolgreiche Menschen sind nicht abhängig von der Meinung anderer. Natürlich ist es nicht unwichtig, wie die Umwelt denkt. Aber letztlich zählen die eigene Meinung und die persönliche Überzeugung.

........................................................................

Thomas, 44, Papa von Frederic

## Frederic zu motivieren, ist gar nicht so leicht für mich

» *Mein zehnjähriger Sohn Frederic versuchte vor einiger Zeit 20 Minuten lang, ein paar Rechnungen zu verbessern. Irgendwann verlor er die Geduld, weil er ständig ein anderes Ergebnis raushatte und es immer wieder verzweifelt durchstrich. Die Seite im Heft sah wirklich schlimm aus. Er weinte: »Ich kann das nicht! Diese blöde Aufgabe. Die Lehrerin hat es nicht gut erklärt. Was mache ich jetzt?«*

*Ich habe mich dann zu ihm gesetzt und gesagt: »Das ist doch gar nicht so schwierig. Komm, ich helfe dir. Schau mir zu, wie ich es mache, dann wird es dir klar.«*

*Ich habe ihm die Aufgabe laut vorgerechnet und dann zu Frederic gesagt: »Siehst du, so geht das, ist doch ganz einfach.« Irgendwie hatte ich allerdings das Gefühl, dass ich ihn so nicht wirklich motivieren konnte.*

*Beim nächsten Mal habe ich es besser gemacht: »Willst du meine Hilfe?« Frederic nickte und ich setzte mich zu ihm: »Multiplizieren ist am Anfang sehr schwierig. Schön, dass du nicht aufgibst. Zeig mir mal, wie weit du schon kommst … Gut, und ich zeige dir, wie du besser den Überblick behältst. Schreibe mit Bleistift, dann musst du nicht jedes Mal alles durchstreichen. Eine Rechnung machen wir jetzt gemeinsam, vielleicht sehe ich ja, wo du hängst … Die nächste versuchst du dann alleine. Willst du mich rufen, wenn du fertig bist?«* ◄

Beide Male meint es der Vater gut und will helfen. Beim ersten Mal gibt er Frederic jedoch, ohne es zu wollen, das Gefühl, dass die Rechnung erstens nicht schwierig und er zweitens nicht fähig ist, diese einfache Aufgabe allein zu lösen. Beim zweiten Mal gibt er seinem Sohn das Gefühl, dass er etwas Anspruchsvolles lösen muss und es dennoch mit ein wenig Hilfe alleine schaffen kann. Er vermittelt ihm erste Schritte, wie er alleine weiterarbeiten kann. Frederic tankt Erfolg und Motivation. Nebenbei lernt er, dass ihm sein Vater etwas zutraut und dass nicht alles immer gleich gelingt.

### Nehmen Sie sich selbst aus Lob heraus
Auch wenn wir unsere Kinder beim Lernen unterstützen und damit sicher auch ein wenig Anteil an einer guten Leistung haben, sollten wir das die Schüler nicht spüren lassen und auf keinen Fall betonen. Ihr Kind soll seinen Erfolg ganz für sich verbuchen können. Das motiviert viel mehr, als wenn es einen Teil davon an die Eltern abgeben muss.

Achten Sie also darauf, dass Sie sich selbst und Ihre Hilfe nicht mitloben. Sagen Sie besser: »Herzlichen Glückwunsch zu deiner guten Note! Du hast dich also genau richtig auf die Mathearbeit vorbereitet«, anstatt »Tolle Leistung! Siehst du, da haben wir doch genau das Richtige geübt.«

Und wenn einmal was schiefgeht, sollte niemand dem Kind vor die Nase halten, das es vorauszusehen war. Mit der Bemerkung: »Siehst du, ich hab ja gesagt, du sollst dir die Vokabeln noch mal ansehen!« haben Sie vielleicht recht. Aber solche »Ich hab's ja gewusst«-Aussagen motivieren überhaupt nicht. Ein weiser Pädagoge hat einmal gesagt: »Rechthaben ist der Trostpreis im Leben.« Recht hat er.

### Ehrliches Feedback statt Manipulation
Es ist nicht wirklich ehrlich und fair, das Kind mit Lob zu noch mehr Anstrengung bringen zu wollen. »Wow, super gemacht, nächstes Mal wird es noch besser!« macht nicht immer Freude und wird vom Kind schnell als Manipulation durchschaut.

Wer ehrlich, oft und differenziert lobt, darf auch ehrlich und differenzierte Kritik äußern. »Ich denke, da hättest du genauer rechnen können.« Kinder sollen lernen, auch mit negativem Feedback umzugehen, wenn es berechtigt ist. Sachliche Kritik darf Platz haben, wenn es auf der anderen Seite genug positive Anerkennung gibt.

Erfolge sind subjektiv und Sichtweisen ebenfalls. Ein Kind ist enttäuscht, weil es nicht wieder null Fehler geschafft hat, und braucht ein wenig Trost, ein anderes ist überglücklich, weil es das Klassenziel gerade

noch erreicht hat, und wünscht sich dafür Anerkennung.

### Achtung vor Belohnungsfallen

Wenn ein Kind gewohnt ist, dass es für jeden Erfolg und jede Anstrengung belohnt wird, fühlt es einen Misserfolg doppelt so stark: Erstens muss es den Misserfolg selbst verkraften und zweitens fällt die Belohnung aus, was es als Bestrafung empfinden könnte.

Gewohnheitsmäßige Belohnungen wirken zwar kurzfristig als Motivation, erzeugen aber langfristig Stress und erhöhen den Leistungsdruck. Viele Erwachsene sind überzeugt, dass Geld- oder Sachbelohnungen die beste Motivation sind. Aber Experten aus Pädagogik und Psychologie raten davon ab. Geld und Dinge wie Kleidung, Spielsachen oder Handys motivieren nicht wirklich, sondern erzeugen nur mehr Konsumwünsche. Wenn Kinder größer und älter werden, wachsen auch ihre Ansprüche. Wenn der pubertierende Sohn sich für ein gutes Zeugnis ein Moped wünscht – was dann? Und wenn das Geld für unnötige oder gar verbotene Dinge ausgeben wird?

### Ungerechtigkeiten vermeiden

Sind Geschwister da, ist es noch problematischer: Was wird denn mit Geld wirklich belohnt? Die Note, die Leistung, der Lernaufwand oder die Anstrengung beim Lernen? Bekommt der Sohn, der kontinuierlich und ausdauernd um eine durchschnittliche Leistung ringt oder trotz all seiner Bemühungen gerade noch mitkommt, weniger als die Tochter, die nur einmal ins Heft zu sehen braucht und den Stoff perfekt beherrscht? Das führt leicht zu Streit oder Kränkungen.

In manchen Familien kommt das Belohnungsgeld auch auf ein Sparkonto. Das finden die meisten Kinder nicht gerecht, da sie selbst keinen Zugriff darauf haben. So gesehen ist es für die meisten Familien einfacher und auch gerechter, ganz auf Geldgeschenke zu verzichten. Besser einen Wunsch des Kindes spontan erfüllen. Ein Besuch in der Eisdiele oder im Zoo kostet zwar auch Geld, ist aber viel persönlicher. Sollte ein Kind doch »Erfolgsprämien« erhalten, möglicherweise von anderen Verwandten, sollten die Eltern sie ihm nicht wegnehmen und ihm auch nicht vorschreiben, was damit zu geschehen hat.

### Schule ist Sache des Kindes

Bei allem Interesse und ehrlicher Anteilnahme: Schulkinder brauchen weder viele Belohnungen noch ununterbrochene Beobachtung und auch kein ständiges Loben oder Antreiben. Sie brauchen nur die Sicherheit, dass die Eltern im Notfall für sie da sind, zuhören und bei Bedarf Hilfe anbieten.

Es muss für alle klar sein: Lernen gehört in den Verantwortungsbereich des Kindes und die Schule ist sein Arbeitsplatz. Und dort gibt es besondere Regeln, die ganz anders als die zu Hause sein können. Wenn ein Schüler seine Aufgaben ohne triftigen Grund nicht macht, muss er das selbst verantworten. Protestieren Eltern zu schnell oder finden sie gleich Entschuldigungen, dann untergraben sie damit die Autorität des Lehrers und die Selbständigkeit des Kindes. Obwohl es gut gemeint ist, machen Eltern ihrem Nachwuchs damit das Leben schwer. Das Kind lernt daraus nämlich: Egal was ich tue, Mama und Papa richten das schon. Ich bin offenbar nicht fähig, selbst Verantwortung zu tragen.

Natürlich müssen Eltern ihre Kinder vor Ungerechtigkeiten schützen, aber wenn sie sich prinzipiell und immer vor das Kind stellen und zu rasch einmischen, kann es schwer selbständig werden.

>> **Erfolgreich lernen heißt, dafür selbst die Verantwortung zu übernehmen.**

## Lernen mit allen Sinnen

Kinder erfahren die Welt vor allem durch Bewegung, Sehen, Hören, Riechen, Schmecken und Fühlen. Fast jedes Kind hat ein Lieblings-Sinnesorgan beim Lernen und es gibt große Unterschiede, wie Kinder am effektivsten lernen. Manche Schüler hören am liebsten zu und können sich diese Informationen sicher merken. Ihnen entgeht auch nicht so leicht, was der Lehrer nebenbei sagt. Andere lernen super, wenn sie alles mitschreiben, andere wieder wollen mit anderen Kindern diskutieren und in der Gruppe lernen. Manche Kinder sind die geborenen Praktiker, die am liebsten experimentieren und sofort zupacken möchten.

......................................................

Melanie, 38, Mama von Fabian

### »Auswendiglernen fällt ihm so schwer.«

>> *Mein zehnjähriger Sohn Fabian schreibt in ein paar Tagen einen Sachkunde-Test. Ich wollte mit ihm lernen und fragte ihn: »Beschreibe mir, was passiert, wenn man ein Glas verkehrtherum über eine Flamme stellt.« Keine Antwort. Meine nächste Frage: »Was passiert, wenn man Öl ins Wasser schüttet?« Wieder Schweigen. Fabian weiß die Lösung, merkt sich aber die Formulierung nicht, obwohl ich sie ihm immer wieder vorsage. Was soll ich nur tun?* ◁

......................................................

# Motivation pur:
# Rituale für den Lernstart

Das Umschalten von Freizeit auf Arbeit ist nicht leicht. Viele Kinder lernen zügig, wenn sie einmal begonnen haben, aber einen guten Anfang zu finden, fällt manchen Kindern oft schwer.

Die Motivation zum Lernstart braucht häufig Unterstützung. Nehmen Sie eine Anleihe bei anderen Kulturen. Buddhistische Mönche zum Beispiel haben sogenannte Mantras, das sind Sätze, die durch ständiges Wiederholen den Weg zum Ziel erleichtern und die Motivation erhöhen. Moderne Motivationstrainer haben solche Kraftsätze als wertvolles Werkzeug entdeckt. Stellen Sie auch einige Kraftsätze, »Zaubersprüche«, zusammen und fragen Sie Ihr Kind, welcher ihm gefällt.

**Startsprüche zum Aussuchen:**
- Ich starte jetzt, das ist klar. Ich schaffe alles, das ist wahr!
- Ich will das, ich kann das, ich schaff das! Auf los geht's los!
- Konzentriert geht's wie geschmiert!
- Nicht lange warten – einfach starten!
- 1–2–3 – nun ist mein Kopf dabei!
- Gut gedacht ist halb gemacht!
- Ich hab die Kraft, die das jetzt schafft!

Der Spruch wird wirksamer, wenn Ihr Kind ihn dreimal wiederholt, dann tief durchatmet und einen Schluck klares Wasser trinkt. Sagen Sie einmal gemeinsam mit Ihrem Kind den Satz, dann spricht es alleine weiter. Wenn es möchte, kann es dabei immer lauter werden und mit den Fingerspitzen beider Hände leicht auf den Tisch trommeln.

Vielleicht fallen Ihrem Kind auch eigene Sätze ein, mit denen es sich gut auf das Lernen einstimmen kann. Je erfindungsreicher und außergewöhnlicher der Satz, desto besser.

## Klopf dich fit und klar – das ist wunderbar

Das Ziel der nächsten Übung ist es, Motivation und Konzentration binnen kurzer Zeit über die Aktivierung der Thymusdrüse zu erhöhen. Der Thymus liegt unter dem oberen Brustbein, seine Aktivität hat unter anderem Einfluss auf das Immunsystem, das Energieniveau und die Stimmungslage des Menschen. Durch das sanfte Klopfen dieser Stelle auf der Brust können sowohl Kinder als auch Erwachsene rasch und unkompliziert Kraft tanken und bewusst in eine positive emotionale Stimmung kommen. Auch leichtes Massieren oder festes Berühren dieser Stelle reicht schon aus und kann schnell helfen.

- Setze oder stelle dich gerade hin. Schließe kurz die Augen und lege deine Fingerspitzen auf deine Brust.
- Nun öffne deine Augen wieder und klopfe mit den Fingerspitzen einer oder beider Hände mindestens eine halbe Minute auf deine Brust. Denk daran, auch Tarzan hat sich so gestärkt und viele Sportler machen diese Übung vor einem wichtigen Wettkampf. Wenn es sich gut anfühlt, kannst du gerne auch länger klopfen.
- Du kannst die Wirkung noch erhöhen, indem du dabei summst.
- Beende das Klopfen, indem du lächelst und tief atmest. Lächeln tut immer gut, stärkt und motiviert. (Lächeln Sie mit!)

## Und dann: Den Tag bewusst beenden

Die »Fünf-Finger-Rückschau« ist eine schöne Art, den Tag gut abzuschließen. So lernt Ihr Kind, seine Gedanken auf das Positive zu lenken und die kleinen, schönen Momente, die im Alltagsstress leider oft untergehen, zu beachten. Das motiviert gleichzeitig für den nächsten Tag.

Wenn Sie am Abend zusammensitzen und mit dem Kind plaudern, ist eine gute Zeit dafür. Jedem Finger ist eine Frage zugeordnet. Natürlich können Sie auch jeden Tag einen anderen Finger befragen oder Ihr Kind entscheidet, welcher Finger heute erzählen möchte.

**D-aumen steht für D-azulernen:** Was hast du heute dazugelernt?

**Z-eigefinger steht für Z-eigen:** Zeig mir, was dir heute gut gelungen ist.

**M-ittelfinger steht für M-itschüler:** Was hast du mit anderen Kindern erlebt?

**R-ingfinger steht für R-uhe:** Wann war es heute richtig gemütlich für dich?

**K-leiner Finger steht für K-örper, Spaß und Spiel:** Wo konntest du so richtig laufen, springen und dich bewegen, wie du wolltest?

Fabian würde die Zusammenhänge schneller verstehen und besser erklären können, wenn er den Versuch vorführen oder aufzeichnen könnte. Auch eine Skizze des Versuchs oder das selbständige Lesen der Erklärung würde ihm mehr helfen, als seiner Mutter immer wieder zuzuhören. Fabian ist nämlich offenbar eher ein visueller Lerntyp.

## Jedes Kind lernt anders

Jeder Mensch und natürlich auch jedes Kind lernt besser und behält mehr, wenn er mehrere Sinne gleichzeitig benutzt, um die Informationen aufzunehmen. Häufig ist jedoch die Wahrnehmung über einen der Sinneskanäle besonders effizient und wird bevorzugt.

### Lernen durch Sehen

Visuelle Lerntypen sind in unserer Gesellschaft in der Überzahl. Sie merken sich die Dinge am besten, die optisch eindrucksvoll dargeboten werden. In der Schule bekommen visuell orientierte Kinder sicher die meisten Anregungen. Durch Lesen und Ansehen von Bildern nehmen sie Informationen besonders schnell auf. Ist ein Lerninhalt als Grafik, Skizze oder Bild veranschaulicht, so prägt er sich rasch ein. Komplizierte mündliche Anweisungen sind schwieriger zu behalten. Aber was diese Menschen sehen können, das begreifen sie schnell. Wenn man dem visuellen Typ einen Vorschlag macht, den er gut findet, dann sagt er sehr wahrscheinlich: »Das sieht gut aus!«

**Ihr Kind ist vermutlich ein vorwiegend visueller Lerntyp, wenn es**
- mündliches Abfragen nicht mag,
- bei mündlichen Prüfungen in der Schule klar schlechter abschneidet als bei schriftlichen,

- sich gerne Bilder, Bildbände und Illustrationen ansieht,
- genau weiß, an welcher Stelle auf der Buchseite die Antwort auf eine Frage steht,
- Freude an schöner Schrift und einer optisch ansprechenden Lernumgebung hat,
- sich leicht durch visuelle Unordnung verwirren lässt,
- gerne beobachtet und durch Zuschauen Handlungsabläufe lernt,
- Spaß am Schönschreiben hat, gerne verziert und Farbstifte verwendet.

**Visuelle Lernhilfen:**
- Bunte Farben und Textmarker heben wichtige Stellen besonders hervor und prägen diese ein. Achtung: Zu viel Buntes irritiert und verwirrt.
- Gestalten Sie gemeinsam Lernposter oder Collagen für wichtige Themenbereiche. Schreiben Sie wichtige Dinge auf Kärtchen und hängen Sie diese auf. Wenn die Vokabeln »nephew and niece« ein paar Tage über dem Schreibtisch hängen, werden sie sicher nicht mehr vergessen.
- Sehen Sie gemeinsam Videos, Filme und möglichste viele Bilder oder Skizzen zum Lernthema an.
- Gestalten Sie gemeinsam eine Mind-Map, eine »Wissenslandkarte«. Dazu wird das Thema in die Mitte eines großen Blattes geschrieben oder gemalt (z.B. Wald, Wortfamilie fahren, Wirbeltiere,…). Rundherum werden nun die wichtigen Inhalte und Schlüsselwörter, die es zu lernen gilt, auf vorgezeichnete Linien geschrieben oder gemalt. Lassen Sie Ihr Kind seinen eigenen Stil entwickeln, seine eigenen logischen Zusammenhänge herstellen und seine Lieblingsfarben und eigene Symbole zur Verdeutlichung verwenden. Hängen Sie die Mind-Map dann sichtbar auf.

## Lernen durch Hören

Der auditive Typ lernt gut durch Zuhören. Bilder verarbeitet er nur oberflächlich, aber Gehörtes speichert er zuverlässig ab. Mündlichen Erklärungen kann er bestens folgen, Zuhören regt seine Fantasie an. Laute Klassen oder plaudernde Sitznachbarn findet er extrem störend. Beim Lernen spricht er manchmal vor sich hin oder bewegt die Lippen. Liedtexte merkt er sich ganz automatisch beim Zuhören. Oft sind diese Kinder sehr musikalisch. Eher auditiv orientierte Lerner werden in unserer Gesellschaft immer seltener – ob das an den zunehmenden visuellen Reizen in der Umwelt liegt, ist umstritten. Zu einer neuen Idee sagt er wahrscheinlich: »Das hört sich gut an!«

**Ihr Kind ist vermutlich ein vorwiegend auditiver Lerntyp, wenn es**

- Selbstgespräche beim Lernen führt,
- sich Sachen immer wieder vorsagt, um sie nicht zu vergessen,
- bei mündlichen Prüfungen die Nase vorn hat,
- Nebengeräusche schlecht aushält und Musik beim Lernen als Ablenkung empfindet,
- gerne singt oder musiziert und Musik mit Gefühlen verbindet (»Das Lied klingt aber traurig«),
- leicht auswendig lernt, indem es zuhört.

**Auditive Lernhilfen:**

- Am besten ist eine stille Lernumgebung ohne Nebengeräusche.
- Nehmen Sie wichtige Inhalte auf Kassetten, MP3-Player oder Diktiergeräte auf, Ihr Kind wird sie gern anhören.
- Gute Hilfen sind lustige Reime und Eselsbrücken, zum Beispiel »753 – Rom kroch aus dem Ei« oder »Willst du was mit ‚irgend‘ schreiben, muss das Wort zusammenbleiben.«

- Lesen Sie Ihrem Kind den Lernstoff laut vor und stellen Sie dann Fragen dazu.

## Lernen durch Bewegung und Anfassen

Der vorwiegend motorische Lerntyp sitzt nicht gerne still und wechselt sehr häufig die Haltung. Er benötigt besonders viel Bewegung und will aktiv sein. Sein Motto ist »learning by doing«. Er geht gern beim Lernen im Zimmer herum und sammelt seine Informationen und Erfahrungen am liebsten beim direkten Tun. Daher gehören praktische Tätigkeiten zu seinen Lieblingsaufgaben. Dieser Lerntyp sagt auf eine Erklärung: »Jetzt habe ich es begriffen.«

**Ihr Kind ist vermutlich ein vorwiegend motorischer Typ, wenn es**

- sportlich interessiert ist,
- beim Nachdenken auf und ab läuft,
- gerne Gegenstände herstellt und bastelt,
- viel mit Händen und Füßen redet,
- gerne handwerklich hilft und zupacken kann,
- Entfernungen abläuft,
- beim Vortrag lieber mitschreibt (Feinmotorik!) als nur zuhört.

**Lernhilfen für den motorischen Typ:**

- Verbinden Sie Lernen wenn möglich mit einer körperlichen Aktivität: Schreiben Sie zum Beispiel mehrere Kärtchen mit Einmaleins-Aufgaben und legen Sie diese im Zimmer, in der Wohnung oder im Garten aus. Nun stellen Sie eine Frage und lassen das Kind die Antwort dazu sagen und herumgehen, bis es schließlich das richtige Kärtchen gefunden hat. Die Lösung steht auf der Rückseite und kann selbst kontrolliert werden.
- Beim Lernen mit Gesten kann sich der ganze Körper bewegen, zum Beispiel Buchstaben ganz groß in die Luft malen.

- Beim Vokabellernen können Wortsilben rhythmisch mitgeklatscht oder mit den Füßen gestampft werden.
- Wichtige Wörter kann Ihr Kind kraftvoll unterstreichen, am besten einmal mit der linken Hand, dann genauso fest mit der rechten Hand, in der Luft oder auf dem Papier, so wie es möglich ist.
- Wippen auf dem Stuhl, Lernen auf dem Schaukelstuhl oder in der Hängematte ist ebenfalls erlaubt.

### Lernen durch miteinander Reden

Der kommunikative Typ mag die sprachliche Auseinandersetzung mit dem Lernstoff. Er versteht, indem er darüber spricht. In Lerngruppen fühlt er sich wohl, er braucht Menschen zum Reden und ist der ideale Teamplayer. Alleine in seinem Zimmer oder mit einem Buch lernt er langsam und ungern. Begeistert und leicht lernt er, wenn er mit jemandem darüber reden kann und sowohl die Position des Fragenden als auch des Erklärenden einnehmen darf.

Ihr Kind ist vermutlich ein vorwiegend kommunikativer Lerntyp, wenn es
- gerne anderen durch Erklären hilft und auch gut erklären kann,
- viel erzählt, wenn es nach Hause kommt,
- bei Lehrern auffällt, weil es viel fragt und sich aktiv in den Unterricht einbringt,
- sich bei Diskussionen und Rollenspielen als Erstes meldet,
- Gruppenarbeiten und Projekte mit anderen bevorzugt.

Lernhilfen für den kommunikativen Typ:
- Lassen Sie Ihr Kind erklären und stellen Sie ihm viele Fragen zum Stoff. Es darf auch detaillierte Fragen finden.
- Mit Freunden darf es nicht nur spielen, sondern auch lernen.

- Entwerfen Sie gemeinsam ein Frage- und Antwortquiz zum aktuellen Thema.
- Lassen Sie das Kind im Rollenspiel den Lehrer spielen, der ein neues Thema erklärt. Auch eine Klasse von Stofftieren können gute Zuhörer sein.

### Alle Sinne sind wichtig!

Die Einteilung in Lerntypen gibt gute Hinweise, was beim Lernen besonders stören könnte und welche Hilfen nützlich sind, um die Lernfreude zu unterstützen. Das bedeutet aber nicht, dass die anderen Sinneskanäle nicht gebraucht oder nicht geschult werden sollen. Alle Sinne sind wichtig, werden benötigt und sollen gefördert werden. Sogar der Geruchs- und der Geschmackssinn können beim Einprägen wertvolle Dienste leisten, weil sie zusätzliche Assoziationsketten schaffen. Denn je mehr Sinne beteiligt sind, umso leichter und besser prägt sich der Lernstoff im Gedächtnis ein.

》 »Erkläre es mir und ich werde es vergessen. Zeige es mir auch und ich werde mich erinnern. Lass es mich auch noch selbst tun und ich werde es verstehen.«
– Konfuzius (551 v. Chr.–479 v. Chr.)

Wenn beim Lernen, Wiederholen und Üben viele Sinne gefordert werden, ist es abwechslungsreich, lustig und bleibt spielend in Erinnerung. Buchstaben zum Beispiel können geschrieben, geturnt, gehört, ertastet, auf den Rücken gezeichnet und aus Knete oder Plätzchenteig geformt werden. Das Einmaleins kann man auch Flüstern, aufzeichnen oder mit Streichhölzern legen, schwierige Wörter lassen sich mit Klebstoff auf Pappe schreiben und in trockenem Zustand mit den Händen ertasten. An-greifen führt zu Be-greifen.

Zeigen Sie Ihrem Kind so oft wie möglich, dass Lernen nicht immer ernst sein muss und auf verschiedene Arten funktioniert. Spielerisches Üben macht viel Spaß und Kinder lernen dabei leicht und locker. Unsere Kreativität und unsere Fantasie sind gefragt! Je jünger das Kind, desto mehr wird es sich für lustige Sinnesspiele begeistern.

### Erst Übung macht den Meister

Das menschliche Gedächtnis wird aufgeteilt in das Ultrakurzzeit-Gedächtnis (UKZG), das Kurzzeit-Gedächtnis (KZG) und das Langzeit-Gedächtnis (LZG). Das UKZG ist vergleichbar mit einer Tür, die in das große Gedächtnis-Haus führt. Durch diese Tür müssen alle Informationen und Lerninhalte, die in das Haus, das Langzeitgedächtnis, hinein sollen. Allerdings passen immer nur wenige Informationen auf einmal durch den Eingang. Interessante und aufregende Infos werden in der Regel schneller eingelassen, Uninteressantes, Langweiliges muss länger draußen bleiben. Diese Arbeitsweise des UKZG ist wichtig, denn sie schützt das Gehirn vor Überlastung durch zu viele Informationen oder Überflutung mit nutzlosen Inhalten. Aus diesem Grund nehmen wir im Alltag meist nur das bewusst wahr, was wir brauchen: Wenn wir im Auto sitzen, sind die Verkehrszeichen wichtig, fahren wir hingegen im Bus, beachten wir sie nicht. Für das schulische Lernen bedeutet das: Einige Sekunden befinden sich die neu gelernten Dinge im UKZG, bevor sie entweder wieder vergessen oder weiter in das KZG geschickt werden.

Hier dauert die Speicherung nun deutlich länger, zwischen zwanzig Minuten und einigen Tagen. Nun ist es wichtig, dass das Kind den Lernstoff stetig wiederholt, denn die Gefahr, dass Informationen wieder vergessen werden und aus dem Speicher rausfallen, besteht weiterhin. Nur durch regelmäßiges Wiederholen kann sichergestellt werden, dass sich eine Information im KZG auch wirklich etabliert und von dort aus ins LZG übergeht.

Bis eine Information im LZG angekommen ist, braucht sie im Durchschnitt drei bis fünf Begegnungen auf verschiedene Arten oder mit verschiedenen Sinneskanälen. Ist das Wissen im LZG angekommen, dann ist es in der Regel dort auch für immer oder zumindest sehr lange gespeichert. Das heißt aber noch nicht, dass es automatisch gleich präsent ist, wenn es gebraucht wird. Nur

# Effizientes Wiederholen mit Spaßfaktor

Wiederholen und Üben kostet Zeit und fordert Lerndisziplin. Deshalb ist es bei vielen Kindern nicht beliebt. Spaß und gute Lernhilfen erleichtern das Pauken und hemmen den Lernfrust.

Durch Wiederholung und Übung kann sich der Stoff im Gedächtnis einprägen. Lustige Spiele machen Spaß und clevere Methoden, wie eine Lernkartei, geben punktgenau Auskunft darüber, was noch nicht so gut sitzt. Diese Art zu lernen und zu wiederholen kommt auch älteren Kindern entgegen, weil sie jederzeit selbständig loslegen können.

## Die Lernkartei

Eine Lernkartei lässt sich das ganze Schülerleben lang verwenden und regt zum selbständigen Lernen an. Außerdem gibt sie eindeutig Auskunft darüber, ob der Stoff schon sitzt oder ob Stoff nochmals wiederholt werden sollte.

Karteikästen, auch Lernkarteien genannt, gibt es zu kaufen, sind aber auch leicht aus Kartons oder Holzkisten zu basteln. Ein länglicher Kasten, zum Beispiel ein Schuhkarton, wird in fünf Querfächer unterteilt. Die Dinge, die zu lernen sind, werden auf die Vorder- und die Rückseite von (Kartei-)Kärtchen geschrieben. Bei Vokabeln steht vorne das fremdsprachige Wort und hinten das muttersprachliche. Aber auch Formeln, Fragen zu Biologie, Wörter mit Rechtschreibhürden, europäische Hauptstädte usw. lassen sich so lernen. Das Beschriften der Karten selbst ist übrigens auch schon eine gute Übung!

**Das Lernen, zum Beispiel von Vokabeln, funktioniert so:** Zu Beginn stehen alle Kärtchen im ersten Fach. Das Kind nimmt nun eine Karte aus dem Fach, liest das Wort, sagt die Übersetzung und überprüft sich selbst, indem es das Kärtchen umdreht. Bei einer richtigen Antwort wird die Karte ins nächste Fach gesteckt, bei einer falschen Antwort bleibt sie im ersten. Nun ist eine Pause angesagt. Dann folgt der zweite Durchgang, eventuell mit umgedrehten Kärtchen. Das heißt, dass nun das Wort in der Fremdsprache zu sehen ist. Jeder neue Durchgang wird mit dem vordersten Fach begonnen, denn dort sind die Fragen, die am meisten Übung und Wiederholung brauchen. Bei der richtigen Antwort kommt ein Kärtchen immer ins nächste Fach, bei einer falschen Antwort zurück ins erste Fach. Wenn eine Vokabel nach fünf Durchgängen im letzten Fach angekommen ist, kann das Kind sicher sein, dass sie sitzt. Ein schönes Erfolgserlebnis!

## Lese-Mensch-ärgere-dich-nicht

Besonders jüngere Kinder mögen Spiele mit Lernfaktor. Spielen Sie zum Beispiel wie gewohnt »Mensch-ärgere dich-nicht« und nach jedem Rauswurf soll das Kind eine Karte mit einem schwierigen, aber lustigen Wort (zum Beispiel »Schildkrötenverein«, »Notenputzer« oder »Mundwinkelheber«) lesen. Das erhöht die Lesemotivation sofort.

## Rechtschreib-Memory mit Gymnastik

Basteln Sie ein Memory mit den Wörtern (oder Buchstaben oder Vokabeln), die Ihrem Kind besonders schwerfallen. Immer, wenn es ein richtiges Wortpaar (Katze/cat) oder ein Paar mit besonders schwieriger Rechtschreibung (essen/aß) oder bei Schulanfängern auch Groß- und Kleinbuchstaben (g/G), aufgedeckt hat, schreibt es das Wort oder die Buchstaben aus dem Gedächtnis auf ein Blatt oder in Riesenlettern mit dem Arm in die Luft. Wenn es richtig ist, gibt es einen Punkt. Und auf geht's zum nächsten. Sie spielen natürlich immer mit und schreiben genauso!

## Frage-Antwort-Spiel mit dem Softball

Mit einem weichen Ball oder auch mit einem Stofftier lassen sich Lerninhalte gut und locker abfragen: Sie werfen den Ball und stellen eine Frage, z. B.: »3 × 4?«. Das Kind fängt und antwortet dabei. Dann wirft das Kind zurück und stellt eine andere Frage, z. B.: »6 × 3?«. So macht Üben Spaß und Bewegung ist auch noch dabei, besonders toll für den motorischen Lerntyp!

wenn man regelmäßig mit diesem Wissen arbeitet oder es weiter verwendet, bleibt es frisch oder wird sogar noch vergrößert. Je länger der Lernstoff unbenutzt im LZG »herumliegt«, umso schwieriger wird es, ihn wieder zu aktivieren. So ist es zum Beispiel zu erklären, dass wir eine gelernte Fremdsprache mit der Zeit immer weniger spontan beherrschen, wenn wir sie nicht aktiv sprechen.

## Konzentration und Aufmerksamkeit

Von einem Schulkind wird Tag für Tag ein hohes Maß an Konzentration verlangt. Konzentration ist die Kunst, aufmerksam zu sein, auch wenn das Interesse nicht so hoch ist. Nur wer seine Aufmerksamkeit willentlich und zielgerichtet auf den Lernstoff richten kann, ist konzentriert.

### Ich verstehe das nicht, mein Kind ist doch nicht dumm!

Viele Eltern haben das Gefühl, dass ihr Kind mehr leisten könnte. Das Problem liegt dann meistens nicht in der Intelligenz, sondern in der Konzentration.

- Mia sitzt bei den Aufgaben. Ihr Vater sagt zum x-ten Mal: »Bitte, konzentriere dich doch!« Und es kommt keine nennenswerte Verhaltensänderung.
- Oliver ist schon zwölf und ein cooler Typ, aber wenn er sich konzentrieren soll, führt er sich manchmal wie ein Kindergartenkind auf. Alle zwei Minuten springt er auf und sein Schreibtisch ist ein einziges Chaos.
- Leon schaut minutenlang aus dem Fenster hinaus, obwohl die Lehrerin gerade die Hausaufgabe erklärt. Es fällt ihm gar nicht

auf, dass die anderen Kinder jetzt von der Tafel abschreiben.
- Nina sitzt zwar ruhig an ihrem Schreibtisch, starrt aber Löcher in die Luft. Sie kennt sich gut mit dem Unterrichtsstoff aus, braucht aber trotzdem für zwei Sätze drei Stunden.
- Elias versteht schnell. Aber trotzdem verrechnet er sich oft und beim Schreiben vergisst er Wörter oder Buchstaben.

Alle diese Kinder sind normal begabt und haben keine großen Probleme, die sie von den schulischen Arbeiten ablenken könnten. Dennoch liegen ihre Leistungen deutlich unter der Norm, weil sie sich nicht ausreichend lange und intensiv genug konzentrieren können.

Je intensiver sich ein Kind auf eine Aufgabe konzentrieren kann, desto schneller wird es sie in der Regel auch bewältigen. Wem es nicht gelingt, mit dem Kopf bei der Sache zu bleiben, dem fehlen bald wichtige Informationen und er braucht für alles viel mehr Zeit. Das wirkt sich natürlich auch auf Motivation und Erfolg aus.

### Wie viel Konzentration ist normal?

Alle Kinder können sich konzentrieren, wenn sie etwas begeistert. Mit dem Schulbeginn sind sie erstmalig gefordert, auch dann bei einer Sache zu bleiben, wenn sie gerade wenig Lust verspüren und sie den Unterrichtsstoff eher uninteressant finden. Unter guten Bedingungen, wenn das Kind ausgeruht und fit ist, kann ein Schulanfänger sich zwischen 10 und 15 Minuten auf einen Lerninhalt konzentrieren, ein Zehnjähriger schafft meist schon 20 bis 30 Minuten. Bei einem spannenden Spiel oder dem Lieblingsfilm am Bildschirm ist oft auch eine Stunde oder mehr möglich. Dummerweise machen die Hausaufgaben nur selten so viel Spaß.

Die Dauer von konzentriertem Lernen ist von vielen Faktoren abhängig: Das Alter, die momentane Interessenslage, das aktuelle psychische und körperliche Befinden, aktuelle Probleme und diverse Ablenkungsquellen in der Umgebung sind nur einige davon.

Manche Kinder wirken verträumt, sind vergesslich, brauchen lange für ihre Arbeiten. Andere wissen oft nicht, was sie aufhaben, und lassen sich gerne und leicht ablenken. Kinder müssen üben, die Aufmerksamkeit auch bei geringer Motivation ausreichend lange zu halten.

### Konzentrationsschwankungen

Zwischen totaler Unaufmerksamkeit und höchster Konzentration gibt es viele Abstufungen. Niemand ist immer gleich intensiv bei der Sache, selbst wenn die Sache an sich interessant ist oder er ein wichtiges Ziel vor Augen hat. Bei Stress in der Familie, Überforderung, Angst, erster Liebe, bei Schlafmangel und vor wichtigen Ereignissen sind auch große Schwankungen normal.

Konzentration ist immer auch situationsbedingt und hängt von vielen Faktoren ab. Alles, was seelisch oder körperlich zu viel ist und aus dem Gleichgewicht bringt, wirkt sich auf die Konzentration aus. Reizüberflutung, Zeitdruck und Stress gehören auch schon zum Leben unserer Kinder. Auch in der Schule zählt Tempo und trotzdem soll nichts ausgelassen oder vergessen werden. Der Multitasking-Hype macht leider auch vor unseren Kindern nicht halt.

Allerdings gibt es hier und da auch Kinder, die sich durch Lernen von unangenehmen

Gefühlen oder Aufregungen ablenken können. Oft wird das in der Familie erlernt. Wie ist das bei Ihnen? Lenken Sie sich bei emotionalen Problemen durch die Arbeit eher ab oder können Sie sich dann gar nicht mehr konzentrieren?

### So funktioniert Konzentration

Sämtliche Lernvorgänge werden von Aufmerksamkeitsprozessen begleitet. Konzentration lenkt die Aufmerksamkeit wie einen Scheinwerfer auf eine ganz bestimmte Sache. Andere Eindrücke, Gedanken, Erinnerungen und Gefühle haben Pause und bleiben eine Zeitlang im Halbschatten oder in der Dunkelheit. Konzentrieren heißt also Fokussieren, die Aufmerksamkeit ganz bewusst auf eine vorgegebene Sache lenken und andere Dinge ausblenden. Dazu müssen sich im Gehirn Milliarden von Nervenzellen so strukturieren, dass sie Prioritäten herstellen und Wichtiges von Unwichtigem trennen können. Das Gehirn arbeitet dabei ununterbrochen, um den neuen Eindrücken – den Lerninhalten – auch einen Sinn zu geben. Denn Lernen ohne Sinn ist wie Lesen von unzusammenhängenden Wörtern oder chinesischen Buchstaben. Das Gehirn sucht dabei vor allem nach schon bekannten Anknüpfungspunkten, so stellt es Verknüpfungen zu bereits vorhandenem Wissen her. Deshalb lernen Menschen, die in der Schule früher Latein hatten, meist Spanisch oder Italienisch leichter als solche, die die alte Sprache nicht kennen.

Allerdings gibt es manchmal auch sogenannte »Ähnlichkeitshemmungen«, das heißt, wenn ein Inhalt sehr bekannt ist, kann sich der neue, leicht unterschiedliche, schwer festigen. Ein gutes Beispiel dafür ist die neue Rechtschreibung. Ältere Menschen, die jahrelang eine bekannte Schreibweise verwendet haben, brauchen besonders viel Konzentration, um sich neue Schreibweisen anzugewöhnen. Umlernen ist schwerer als Neulernen und braucht noch mehr bewusste Aufmerksamkeit.

Bei Kindern, die mit der Konzentration Probleme haben, ist das so, wie wenn ein Scheinwerferlicht unterbrochen herumirrt, ohne dass sie etwas dagegen tun können. »Jetzt konzentriere dich doch« oder »Bleib jetzt endlich bei der Sache!« ist zwar gut gemeint, hilft aber leider wenig.

**Zwei Arten von Konzentrationsschwächen** Konzentrationsschwächen lassen sich häufig in zwei unterschiedlichen Ausprägungen beobachten.

**Aktiv-impulsiver Typ:** Der aktiv-impulsive Typ will meistens schnell mit allem fertig sein und hat wenig Geduld. Er arbeitet oft oberflächlich und ungenau. Auch wenn er sich in einem Thema auskennt, macht er viele Flüchtigkeitsfehler. Schönschreiben fällt ihm schwer, Ordnung halten noch mehr. Oft wird mit Schwung begonnen und schnell wieder aufgehört, weil etwas Neues die Aufmerksamkeit auf sich zieht oder Genauigkeit und Anstrengung nötig wären. Seine Versprechen kann er nicht halten, weil er sie vergisst. Gerne gibt er anderen dafür die Schuld: »Die Sitznachbarin hat mein Heft versteckt, darum habe ich es wieder vergessen« oder »Der Lehrer hat gar nicht gesagt, was auf ist, wie soll ich es dann wissen?« Bei Misserfolgen reagiert er mitunter wütend und schmeißt zuerst einmal alles hin. Dafür hat er die Fähigkeit, kurzfristig Höchstleistungen, zum Beispiel im Sport, zu erbringen. Er kann schnell zupacken und dort, wo andere ratlos danebenstehen, handelt er spontan. Er will gebraucht werden und hilft gerne.

**Gedankenverlorener Typ:** Der gedankenverlorene Typ trödelt und wirkt verträumt und in sich gekehrt. Während der Aufgabe kann es vorkommen, dass er plötzlich zu zeichnen beginnt und die Aufgabe völlig vergisst. Wird er ermahnt, schreibt er kurz weiter, um gleich wieder verträumt aus dem Fenster zu sehen oder gedankenverloren am Stift zu knabbern. Oft kommt er zu spät, weil er trödelt. In der Schule ist er der Letzte beim Anstellen und vergisst, seine Hefte in den Ranzen zu stecken. Oft sind diese Kinder sehr kreativ, erfrischend unkonventionell und mitfühlend. Sie haben viele Ideen und eine reiche Fantasiewelt. Sie können aber wenig daraus machen, weil sie immer auf halbem Weg steckenbleiben. Zeitgefühl ist nicht ihre Stärke. Deshalb reicht auch die Zeit nie aus, oft brauchen sie den ganzen Nachmittag für einfache Aufgaben und sind am Abend noch immer nicht fertig.

## Wie kann ich meinem Kind zu mehr Konzentration helfen?

Wenn sich Nachmittage und Wochenenden nur noch um Arbeiten für die Schule drehen, das Kind stundenlang sitzt, aber nichts vorangeht, dann liegen die Nerven bald blank und die Emotionen kochen hoch. Anstatt sich immer wieder im Kreis zu drehen, sich zu ärgern und zu sorgen, beobachten Sie zuerst Ihr eigenes Verhalten.

Vielen Kindern kann durch Veränderungen im Verhalten der Erwachsenen und durch Umstellung von Alltagsroutinen gut geholfen werden. Eltern können eine Menge tun, damit sich die Konzentration des Schulkindes, sein Lernverhalten und seine Laune verbessern. Denn Konzentration und Aufmerksamkeit sind gut trainierbar. Dabei helfen die drei »K«:

## Schwere Konzentrationsstörungen: ADS und ADHS

Bei wenigen Kindern sind ein oder beide Typen ganz extrem stark ausgeprägt. Diese Konzentrations- und Aufmerksamkeitsstörungen sind heute unter dem Begriff »Aufmerksamkeits-Defizit-Syndrom« (ADS) bekannt. Wenn noch ein extrem impulsives Verhalten und ein schier unstillbarer und unkontrollierbarer Bewegungsdrang dazukommen, dann spricht man von ADHS, der Aufmerksamkeits-Defizit-Hyperaktivitätsstörung. Diese Kinder brauchen spezielle Hilfen von Experten, um mit den schulischen Anforderungen klarzukommen. Ausgeprägte ADS und ADHS sind von klein auf da und treten nicht plötzlich aus heiterem Himmel auf.

**Achtung:**
Diese Diagnosen dürfen nur Fachleute, wie Kinder- und Jugendpsychiater, Kinder- und Jugendpsychologen, Neurologen oder Experten in Kinderkliniken, stellen. Wehren Sie sich sofort und ganz deutlich, wenn in der Schule oder im Bekanntenkreis jemand sagt, Ihr Kind sei hyperaktiv oder gestört! Haben Sie selbst den Verdacht, dass Ihr Kind mehr oder weniger stark von ADS oder ADHS betroffen ist, sprechen Sie erst einmal mit seinem Lehrer. Möglicherweise kennt er eine gute Adresse zur Abklärung. Oder Sie gehen selbst zu einem Psychologen, der sich auf Kinder spezialisiert hat.

### 1. Kontrolle

Unkonzentrierte Kinder brauchen mehr Kontrolle als andere, um zu lernen, sich selbst zu kontrollieren. Lassen Sie sich Aufgaben und Schultasche regelmäßig zeigen, kontrollieren Sie die Ordnung in Heften und Mäppchen. Lernen Sie mit dem Kind die Uhr. Geben Sie konkrete Anweisungen und kontrollieren Sie die Ausführung: »Ich möchte, dass du um 16 Uhr an deinem Schreibtisch sitzt und Aufgabe machst.« Umständliche Anweisungen wie »Du kannst noch kurz im Garten spielen und kommst dann rein, um zu lernen und deine Sachen zu ordnen« sind gerade für unaufmerksame Kinder schwer umzusetzen. Ihr Empfinden von »kurz« ist mit großer Wahrscheinlichkeit anders als das der Eltern.

### 2. Kürze und klares Feedback

Klares Feedback ist besser als langes Herumreden: »Nein, das reicht noch nicht. Brauchst du Hilfe?« ist viel besser als: »Ich verstehe ja gut, dass du gar keine Lust mehr zum Lernen hast, weil du müde bist und draußen die Sonne scheint. Aber versuche bitte trotzdem, noch ein bisschen dran zu bleiben. Ich helfe dir auch, wenn du das möchtest.« Das ist zu lang und das Kind hört wahrscheinlich schon nach ein paar Worten nicht mehr zu.

### 3. Konsequenz

Vereinbarungen und deren Einhaltung helfen dabei, die Folgen abschätzen zu lernen. Wenn der Schüler das Heft in der Klasse vergessen hat, muss er die Aufgabe auf einen Zettel schreiben. Wenn die Hausaufgaben nicht fertig sind, darf er nicht spielen.

**Übrigens:** Auch die konsequente Einhaltung von regelmäßigen Pausen, die bei Schulneulingen schon nach maximal 15 Minuten fällig sind, fördert die Aufmerksamkeit für die nächste Lernetappe enorm.

# Besser konzentrieren: Spiele, Tipps und gezielte Übungen

Konzentration ist auch Übungssache und kann gezielt verbessert werden. Mit gemeinsamen Übungen geht das besonders gut.

Wie eine Sportart oder das Spielen eines Instrumentes kann auch die Konzentrationsfähigkeit schrittweise gesteigert werden.

## Das Wort erklären

Das Wort »Konzentration« ist für Grundschulkinder ein abstrakter Begriff. Er wird häufig gebraucht, aber viele Kinder können damit noch nichts anfangen. Stellen Sie daher sicher, dass Ihr Kind weiß, was mit dem Wort »Konzentration« oder »Aufmerksamkeit« gemeint ist, zum Beispiel: »Setz dich hin, richte deine ganze Aufmerksamkeit auf die Mathe-Aufgabe und verschiebe alles andere auf später. Und beginne genau jetzt!« Diese Anleitung klingt banal und ist doch sehr wirkungsvoll.

## Der Fingertanz

Fingerübungen schulen die Feinmotorik und sind besonders vor schriftlichen Arbeiten eine große Konzentrationshilfe. Viele Kinder führen sie auch während des Unterrichts automatisch aus, wenn sie aufmerksam bleiben wollen. Fingerbewegungen machen nach und nach konzentriert.

**So geht's:** Die Handflächen berühren einander vor der Brust. Die Finger sind Tanzpartner, die sich gegenüberstehen. Zuerst begrüßen sich die Zeigefinger, indem sich der rechte und der linke Zeigefinger voreinander verbeugen. Einmal links, einmal rechts, dann richten sie sich wieder auf. Dieses Begrüßungsritual wird nacheinander ebenso mit allen anderen Fingern ausgeführt.

## Augenachter

Das Kind hält die Finger etwa 20 cm so vor die Augen, dass sich zwei Daumen-Mittelfinger-Ringe bilden, die sich in der Mitte berühren. Die anderen Finger stehen in die Höhe. Nun fährt das Kind mit seinen Augen die Achterschleife der Finger nach, in der Mitte beginnend nach rechts oben. Dabei sollen sich nur die Augen bewegen, der Kopf bleibt ruhig. Nach etwa 30 Sekunden wir das Augenkreisen beendet und die Hände werden für ein paar Sekunden ganz sanft auf die geschlossenen Augen gelegt.

**Wirkung:** Durch den Druck auf die Fingerkuppen werden wichtige Energiepunkte angeregt.

Diese Akkupressurpunkte sind unter anderem für Kreislauf und Blutdruck zuständig. Das Schließen der Augen für 10–15 Sekunden sorgt für Konzentration und innere Sammlung.

## Rund ums Ohr

Konzentration und Energie lassen sich auch anregen, indem das Kind beide Ohrläppchen zwischen seine Daumen und Zeigefinger nimmt und vorsichtig knetet oder leicht nach außen zieht. Beendet wird die Massage, wenn die Wärme in den beiden Ohren deutlich spürbar wird.

**Wirkung:** In den Ohrläppchen befinden sich viele Akupunkturpunkte, die wach und aufmerksam machen. Wichtig ist, dass beim Eintreten des Wärmegefühls wirklich aufgehört wird, sonst wird überstimuliert.

## Befehle von Groß zu Klein und umgekehrt

Durch dieses Spiel lassen sich Merkfähigkeit und Aufmerksamkeit spielerisch erweitern.

Je nach Alter des Kindes geben Sie zwischen drei und fünf oder noch mehr Anweisungen. Das Kind muss die einfachen Befehle verstehen, und die Ausführung sollte möglichst Spaß machen. Am Ende bewertet das Kind seinen Erfolg.

**Eine Befehlsserie könnte lauten:**
- Du stellst dich auf den Sessel und klatschst dreimal in die Hände;
- danach gehst du zum Fenster und gießt die rote Pflanze,
- dann rufst du einmal laut und einmal leise deinen Namen.
- Am Ende malst du ein Herz auf ein Blatt Papier.

Wichtig ist, dass Ihr Kind gerade so viele Anweisungen erhält, wie es noch behalten kann (zu viele überfordern und sorgen für schlechte Stimmung). Wenn es alles ausgeführt hat, gibt es seinerseits Anweisungen, die Sie ausführen sollen. Dieses Spiel hebt das Selbstwertgefühl, übt spielerisch die Merkfähigkeit und weckt positiven Ehrgeiz. Das ist auch für Erwachsene ein gutes Gedächtnistraining.

# Begabung und Intelligenz

Wie intelligent ist unser Kind? Welche Begabungen hat es? Und wie können wir es am besten fördern? Diese Fragen und Überlegungen beschäftigen wohl alle Eltern.

## Jedes Kind ist klug

»Intelligenz« ist in der Psychologie ein Sammelbegriff für die geistige Leistungsfähigkeit eines Menschen. Die Begriffe »Intelligenz« und »Begabung« werden meist synonym verwendet und sind in aller Munde. Dennoch sind diese Begriffe recht unklar und jeder versteht sie doch etwas anders. Denn anders als die Körpergröße, die Sehfähigkeit oder das Gewicht eines Menschen lässt sich der Intelligenzquotient nicht punktgenau messen. Er ist veränderbar, ist in unterschiedlichen Bereichen unterschiedlich ausgeprägt und vor allem: er lässt sich fördern. Viel wichtiger als absolute Zahlen und Testergebnisse ist, dass wir erkennen, in welchen Bereichen die Potenziale unserer Kinder liegen. Denn genau dort, wo Kinder ihre Stärken spüren, lernen sie auch mit Begeisterung und kommen rasch zu Erfolgen. Und jedes Kind hat besondere Fähigkeiten, die im Alltag beachtet, gefördert und angewendet werden wollen, wenn es Gelegenheit dazu bekommt.

Auch die Begriffe »Talente« und »Stärken« kommen in Fachbüchern und Ratgebern in unterschiedlichen Zusammenhängen vor. In den meisten Fällen bezeichnet das Wort »Talent« eine besonders gute Leistungsvoraussetzung. Ob sich daraus dann eine echte Stärke entwickeln kann, hängt vor allem von der Umwelt, einem guten Lernklima, der Konzentration und der Motivation ab. Die Nummer eins im Tennis ist eben nicht nur sehr talentiert, sondern hat sein Talent zu einer Stärke ausgebaut. Der beste Mathematiker in der Klasse hat ab einem gewissen Zeitpunkt auch üben müssen und sich immer wieder selbst gefordert. Die Operndiva hat ein Talent zum Singen, für Spitzenleistung braucht sie aber trotzdem Übung und Durchhaltevermögen.

### Intelligenz und gute Noten

Gute Schulnoten müssen nicht unbedingt bedeuten, dass ein Kind außerordentlich intelligent ist und umgekehrt. Generelle Klugheit zeigt sich meist durch ein umfang-

muss jedes Kind unsere Kulturtechniken wie Lesen, Schreiben und Rechnen möglichst gut lernen. Genormte Bildungsstandards sind für alle Schüler wichtig und wollen erreicht werden. Und auch ein sprachlich nicht so begabter Schüler kann Fremdsprachen lernen und dort gute Noten erzielen, wenn er sich bemüht und kontinuierlich dranbleibt. Ebenso ist ein gewisses Maß an Allgemeinwissen in unserer Gesellschaft wichtig.

Doch die individuellen Stärken eines Kindes brauchen besonders viel Aufmerksamkeit. Und da können wir Eltern im Alltag und in der Freizeit viel tun. Dort, wo junge Menschen besonderes Interesse zeigen, liegt ihre Zukunft. Wenn wir sie in diesen Bereichen verstärkt fördern, bauen sie Talente zu echten Stärken aus. Durch die Erfolge wächst das Selbstvertrauen. Das wieder ist die Grundlage, um Schwächen in anderen Bereichen auszugleichen und bei Hürden durchzuhalten. Ein Schüler, der in Sport top ist und in der Freizeit erfolgreich Handball spielt, wird eine schlechte Note in Englisch leichter verkraften als einer, der sonst keine Erfolgsquellen hat.

## Begabungen haben viele Gesichter

Wir möchten unsere Kinder nicht nur in der Schule bestmöglich unterstützen, sondern prinzipiell zur Förderung aller ihrer Talente beitragen. Aber nicht immer ist glasklar, wo ein Kind seine besonderen Begabungen hat. Jeder Mensch ist einzigartig und die Talente und Neigungen sind meist nicht nur in einer, sondern in verschiedenen Kategorien zu finden. Selten treten Begabungen isoliert auf. So kann ein Kind, das eine mathematische Begabung hat, auch ein talentierter

reiches Allgemeinwissen und gute Noten, doch auch Talente in anderen Bereichen wie Musik, Sport oder praktischen Dingen sind Zeichen von guter Intelligenz. Die besten Schüler sind später nicht zwangsläufig die Erfolgreichsten in der Berufswelt. Der Intelligenzquotient, den Psychologen testen, sagt vielleicht voraus, welchen akademischen Abschluss jemand erreichen kann, jedoch nicht, welche Leistungen er im Beruf erbringen wird. Die Noten in der Schule und der Erfolg am Arbeitsmarkt hängen nicht immer so eng zusammen, wie manche Bildungsenthusiasten gerne glauben wollen.

### Die Stärken erkennen, ausbauen und einsetzen

Potenziale entfalten sich in Abhängigkeit von der Umwelt. Nur wenn ein Kind seine Talente einsetzen kann, können sie sich entwickeln. Obwohl die Förderung der Stärken und Begabungen besonders viel Raum einnehmen sollte, werden in der Schule auch die Defizite gesehen. Natürlich

Schwimmer sein oder komplizierte Bausätze erfinden und zusammenstellen.

Manchmal übernehmen Kinder die Interessen aus dem Elternhaus: Wenn der Papa gerne bastelt, entwickelt auch der Sohn ein Talent zum Modellbau. Das muss aber nicht so sein. Möglicherweise spielt er lieber Geige und hat gar kein Interesse an Papas Werkstatt. Es lohnt sich, zu beobachten, wo das Kind seine Begabungen besonders zeigt. Das ist auch ein guter Wegweiser zu sinnvollen Freizeitbeschäftigungen, die die Fähigkeiten des Kindes auf Basis seiner Talente weiterentwickeln.

## So entdecken und fördern Sie die Talente Ihres Kindes

Talente und Begabungen lassen sich in verschiedene Bereiche einordnen und unterschiedlich fördern. Besonders die alltägliche, kontinuierliche Förderung verhindert, dass Talente verkümmern, und trägt dazu bei, dass daraus echte Stärken werden.

### Sprachliche Begabung

................................................

Viola, 36, Mama von Leonie

## Leonies sprachliche Fähigkeiten sind erstaunlich

》 *Unsere sechsjährige Tochter Leonie hat schon früh gesprochen und schnell sehr viele verschiedene Wörter richtig verwendet. Sie hört gerne zu und mag Geschichten und Märchen. Sie liest auch sehr viel und liebt es jetzt schon, kleine Geschichten zu schreiben. In der Schule meldet sie sich oft, weil sie gerne redet. Wenn sie nach Hause kommt, weiß sie immer viel zu berichten. Englisch in der Grundschule fällt ihr so leicht, dass wir in der Freizeit*

*auch manchmal mit ihr Englisch reden. Das macht Leonie richtig Spaß. Im Gegensatz zu anderen Kindern spricht Leonie Erwachsene zuerst einmal mit »Sie« an, obwohl wir ihr das nie erklärt haben.* ◄

................................................

Oft können sprachlich begabte Kinder schon vor der Schule lesen und schreiben, weil ihr Interesse daran so groß ist. In Diskussionen argumentieren sie oft so überzeugend wie kleine Rechtsanwälte. Diese Kinder sind bei Prüfungen verbal sehr geschickt. Manchmal gelingt es ihnen sogar zu glänzen, auch wenn sie nicht wirklich etwas zu der Prüfungsfrage zu sagen haben. Die sprachliche Begabung ist für viele Berufe und auch für die Schule sehr wichtig: Nahezu jeder Lernstoff hat einen sprachlichen Anteil, denn Schüler müssen in fast jedem Unterrichtsfach Texte lesen und verfassen. Vor allem auf dem Gymnasium ist die Sprache neben der logischen und mathematischen Intelligenz zentral.

**So fördern Sie die sprachliche Begabung im Alltag:**

- Reden Sie mit Ihrem Kind so viel wie möglich und achten Sie dabei auf gute Formulierungen. Fragen Sie bei Erzählungen genau nach. »Wie war das für dich, als du dich gefreut hast?« »Was meinst du genau mit: Heute war es langweilig im Unterricht?« »Erklär mir bitte alle Einzelheiten noch mal.« So können Kinder täglich und spielerisch ihre Ausdruckfähigkeit ausbauen.
- Erfinden Sie abwechselnd lustige Wörter: Regenwurmambulanz, Glatteisdiele, Regenschirmglatze oder auch spontane Reime, zum Beispiel: »Krieg ich dich wach auch ohne Krach?«.

- Spielen Sie Namen-Scrabbles, zum Beispiel mit dem Namen des Kindes. Martin ist
  - M utig
  - A ufgeweckt
  - R edefreudig
  - T ierlieb
  - I ntelligent
  - N eugierig
- Wenn Sie Fernseh- oder Radiowerbung hören, sprechen Sie mit Ihrem Kind darüber. Webetexte sind oft sprachlich besonders ausgefeilt und gleichzeitig lustig und einprägsam. »Warum, denkst du, ist das so?«
- »Stell dir vor, du willst einen Werbetext für unsere Wohnung, unser heutiges Abendessen oder deine Turnhalle schreiben. Wie würdest du sie genau und gut beschreiben?« Das macht kleinen Sprachkünstlern meist großen Spaß und gleichzeitig trainieren sie ihre Beobachtungsfähigkeit.
- Zeigen Sie Ihrem Kind, was Sprache bewirken kann: Theater spielen und ansehen, Bücher lesen, Sprachspiele, Schüttelreime, Witze oder Liedtexte und Reime sind spielerische und effektive Förderungsmöglichkeiten. Natürlich sind Sprachkurse und Sprachferien eine gute Ergänzung zum Erlernen von Fremdsprachen – aber nur, wenn Ihr Kind es selbst gerne möchte und genug Zeit dafür da ist. Denn Überforderung kann Interessen auch lähmen.

## Mathematische Begabung und logisch-technisches Verständnis

Peter, 42, Papa von Daniel

### Daniel ist ein kleiner Techniker

>> *Unser elfjähriger Daniel zeichnet gerne naturgetreu, seine Zeichnungen sehen*

*wirklich plastisch aus. Seit seiner Kindergartenzeit zieht ihn alles an, was mit Technik und Zahlen zusammenhängt: Er will wissen, wie die Bremse im Auto funktioniert, warum das Fieberthermometer bei Wärme andere Zahlen anzeigt oder warum die Pumpe bei der Waschmaschine kaputt ist. Wenn ein Techniker bei uns zu Hause ein Gerät repariert, steht er daneben und passt genau auf. In der Schule hat er keine Probleme mit Mathematik, im Gegenteil, er mag Zahlen und abstrakte Formeln, er versucht sogar, Lösungswege zu vereinfachen. Lexika und Sachbücher liest Daniel viel lieber als Bilderbücher oder Geschichten. Auch Wissenschaftssendungen im Fernsehen sieht er sich gerne an. Wenn ihm etwas nicht klar ist, fragt er so lange nach, bis er alles genau verstanden hat.* «

Logisches Denken bezeichnet die Fähigkeit, aus verschiedenen Wahrnehmungen logische Zusammenhänge herzustellen. Kinder mit einer solchen Begabung denken schon früh in Wenn-dann-Zusammenhängen: Wenn ich dreimal springe, dann bin ich im Haus, wenn dicke Wolken aufziehen, dann kommt bald ein Gewitter, wenn ich diese Rechnung nicht lösen kann, versuche ich Ähnlichkeiten mit anderen Beispielen herzustellen. So wird die Umwelt systematisiert. Auch das rasche Verstehen von Symbolen, wie Verkehrszeichen oder Wäscheetiketten, zählt zur logischen Intelligenz. Diese Kinder suchen gern logische Begründungen und Beweise und interessieren sich früh für wissenschaftliche Fragen: Wie funktioniert das Weltall? Was bedeutet »PS« beim Auto und wie wird die Leistung gemessen? Richtig abstrakt können Kinder meist erst um das

11. Lebensjahr herum denken. Dann schaffen sie es auch, mit Formeln zu rechnen, und können Zahlen durch Variable ersetzen.

**So fördern Sie logisch-mathematische Begabung im Alltag:**

- Lassen Sie Ihr Kind alte Elektrogeräte in Einzelheiten zerlegen, denn jede Art von Bau- und Technikspielzeug fordert es heraus.
- Kleine Geldbeträge können Sie Ihrem Kind schon früh anvertrauen, es wird das Geld gut einteilen.
- Lassen Sie Ihr Kind das Essen gerecht in gleiche Teile aufteilen.
- Stellen Sie Ihrem Kind Denksportaufgaben, geben Sie ihm Sudokus oder einen Magic Cube.

- Installieren Sie ein Außenthermometer in der Wohnung und fragen Sie das Kind nach der aktuellen Temperatur. Wenn es mag, kann es Kurven dazu zeichnen
- Lassen Sie sich von Ihrem kleinen Logiker Zusammenhänge zeigen, fordern Sie sein technisches Verständnis heraus: Wie funktioniert deine Baukonstruktion? Warum fällt das Dach nicht zusammen? Schätz doch mal, wie viele Nüsse da im Korb liegen.
- Besuchen Sie mit ihm Planetarien, technische Museen oder einen Flughafen. Erklären Sie ihm die Funktionsweise von Autos, Lokomotiven und Flugzeugen.

**Räumliches Vorstellungsvermögen**

Susanne, 34, Mama von Konstantin

## Ein lebendiges Navi

❯❯ *Konstantin hat von klein auf seine Umgebung genau erforscht und findet sich an fremden Orten schnell zurecht. Im Urlaub findet er zu Fuß ohne Probleme das Restaurant schneller als seine älteren Geschwister, obwohl er erst einmal dort war. Er prägt sich Wege und Entfernungen schnell ein und speichert auch Hindernisse automatisch ab. Wenn er mit dem Fahrrad fährt und der Weg ist plötzlich abgesperrt, findet er sicher einen anderen Weg, um an sein Ziel zu kommen. In der Wohnung findet er sogar mit geschlossenen Augen den Weg ins Badezimmer, meist auch noch ohne anzustoßen. Im Basketball ist er ein Könner, denn seine Bälle landen fast immer im Korb. Er kann die Flugbahn des Balles gut abschätzen und trifft zielgenau.* ❮

Räumliches Vorstellungsvermögen ist die Fähigkeit, sich Formen und Gegenstände perspektivisch vorstellen oder ergänzen zu können. Diese Kinder haben einen guten Orientierungssinn und eine gute Wahrnehmung von sich im Raum. Wenn Sie einem Kinderfußballspiel zusehen, merken sie recht rasch, welcher Spieler einen Überblick über das ganze Geschehen hat. Das ist der mit dem besten räumlichen Vorstellungsvermögen. Meist sind diese Kinder gut im Zeichnen und Konstruieren, sie haben eine präzise Strichführung und kommen mit dem Platz auf dem Papier gut aus.

**So fördern Sie räumliches Vorstellungsvermögen im Alltag:**

● Alle Sportarten, bei denen Orientierung im Raum wichtig ist, fördern die Begabung: Basket- oder Fußball, Zielwerfen, Kegeln oder Billard und Tischtennis eignen sich dazu gut.

● Lassen Sie sich von Ihrem Kind Wege zeigen und erklären, zeigen Sie ihm Stadtpläne und erforschen Sie fremde Orte. Aber auch ein Waldspaziergang mit einer Wanderkarte, die das Kind interpretieren lernt, macht es stolz.

● Lernen Sie Schach mit Ihrem Sprössling. Sicher hat er mit seinem räumlichen Vorstellungsvermögen bald die Nase vorne. Schach trainiert außerdem das logische Denken und die Konzentrationsfähigkeit. Wichtig dabei ist, dass das Kind nicht immer gegen Erwachsene verliert, sondern manchmal auch Hilfestellungen bei seinen Überlegungen erhält.

● Nutzen Sie das Internet. Sehen Sie sich gemeinsam Wohnungspläne von der »Traumwohnung« an. Wie würdest du diese Wohnung, dieses Haus einrichten? Auch gemeinsame virtuelle Ausflüge auf Google-Earth machen meist Freude. Suchen Sie dabei gemeinsam die eigene Stadt, das eigene Haus.

## Musikalische und künstlerische Begabung

Therese, 34, Mama von Lena und Valentin

### Bei uns wird gesungen und gemalt

❯❯ *Unsere achtjährige Lena hat von klein auf oft Musik gehört, mit Tönen gespielt und zu Kinderliedern getanzt. Melodien merkt sie sich sehr gut, sie summt und singt bei jeder Gelegenheit. Musikinstrumente ziehen sie magisch an. Kaum steht irgendwo ein Klavier oder eine Gitarre, versucht sie Töne zu erzeugen. Schon im Kindergarten hat sie ausdrucksvoll Lieder nachsingen können und beim Klatschen kann sie den Rhythmus einhalten.*

*Ihrem sechsjährigen Bruder Valentin geht es so mit dem Malen: Kaum sieht er ein Stück Papier und Filzstifte, zeichnet er drauflos. Als Kindergartenkind hat er gerne Malbücher angemalt, jetzt in der Schule ist ihm das zu langweilig. Er möchte lieber selbst Motive finden und malen und verschiedene Techniken ausprobieren.* ❮❮

Musikalische und künstlerische Begabungen zeigen sich meist schon sehr früh. Im Gegensatz zu anderen Talenten nützen sie ohne Förderung jedoch wenig. Ein musikalisches Kind kann zwar bald fehlerfrei Töne nachsingen, aber zum Erlernen eines Instrumentes oder zum wirklich gut Singen braucht es erstens eine anregende Umgebung und zweitens eine fachkundige Anleitung und regelmäßiges Üben. Genauso ist es mit dem Zeichen- und Maltalent: Auch hier führt erst eine gute Anleitung zu wirklich guten Erfolgen, sonst verkümmert es. Wenn Kindern klar wird, dass außer der Begeisterung auch

Konsequenz und regelmäßige Übung wichtig sind, reagieren sie manchmal ernüchtert. Aber wenn sie talentiert sind und nicht überfordert werden, halten sie bald wieder motiviert durch.

**So fördern Sie die musikalische und kreative Begabung im Alltag:**

- Lassen Sie Ihr Kind Musikinstrumente kennenlernen und singen Sie gemeinsam oft und viel, auch selbst erfundene Reime oder Gedichte, je lustiger desto besser.
- Zeigen Sie Ihrem Sprössling Kinderopern, Musiktheater oder Ballett.
- Auch Spiele mit Geräuschen und Tönen machen Spaß: Jeder Topf klingt anders, jedes Tier gibt andere Laute von sich, und ein Fluss klingt anders als ein Bach.
- Lassen Sie Ihr Kind in einer Musikschule schnuppern und ein oder mehrere Instrumente erlernen, wenn es das problemlos durchhält. Kinder, die Musikstücke bei Familienfesten vortragen, sind immer der Höhepunkt. Aber überfordern Sie Ihr Kind nicht. Die Freude soll überwiegen, dann kommen Mut und Ehrgeiz von alleine.
- Kleine Maler wollen viele kreative Aufgaben: Selbst gemalte Bilder zu Weihnachten und selbst gezeichnete Geburtstagskarten bringen dem kleinen Künstler positive Rückmeldungen und motivieren ihn weiterzumachen.
- Verschiedene Malutensilien, wie zum Beispiel Papier, Pappe, Leinwand, Wasserfarben, Acryl- und Fingerfarben oder Ölkreiden regen die künstlerische Fantasie an. Auch mit Naturmaterial, Blättern, Steinen oder Baumrindenstücken lassen sich kleine Kunstwerke herstellen. Wichtig ist, dass das Kind zwar viele Anregungen erhält, aber seine eigenen Ideen umsetzen darf. Das fördert Kreativität, Eigeninitiative und Entdeckerfreude.

## Körperkoordination und sportliche Begabung

Fabian, 45, Papa von Manuel

### Immer in Bewegung

》 *Manuel ist schon früh gekrabbelt und zeitig gelaufen. Er konnte immer gut Bewegungen nachahmen. Kein Sportgerät und kein Baum sind vor ihm sicher. Ohne viel Erklärung fährt er mit Skiern den Hang hinunter und fällt beim Eislaufen fast nie hin. Beim Rumrennen weicht er Hindernissen geschickt aus und kann seinen Körper geschmeidig bewegen. Seine Bewegungen wirken harmonisch. Im Gegensatz zu seiner Schwester ist er schon als Kindergartenkind ohne Jammern mit auf einen Berg marschiert und wollte nicht getragen werden.* 《

Klettern, Werfen, Springen, Balancieren, Schaukeln und nach Herzenslust herumtoben ist natürlich für alle Schüler essenziell und Grundlage für konzentriertes Lernen. Köperkoordination und Köpergefühl lernt man nicht durch Stillsitzen, sondern nur durch aktives Tun. Auch weniger sportliche Kinder brauchen viel Bewegung und können durch Training zu guten Erfolgen kommen.

Aber kleine Sportskanonen fallen besonders durch Begeisterung, Ausdauer und Interesse an neuen Bewegungsmöglichkeiten auf. Sie lernen schon sehr früh und leicht grobmotorische Bewegungsabläufe wie Fahrradfahren oder Skaten. Sie schaffen fast jede körperliche Herausforderung, und das noch mit harmonischen, kraftvollen Bewegungen. Sie können ihre Fähigkeiten recht gut einschätzen und halten, auch wenn es Zähigkeit braucht, bis zum Ende durch. Körperliche Fähigkeiten wie Kraft, Ausdauer, Schnelligkeit oder auch Ballgefühl, das Gleichgewicht halten und gute Körperkoordination helfen auch in der Pubertät, mit dem Körper gut zurechtzukommen.

**So fördern Sie die sportliche Begabung und Körperkoordination im Alltag:**

- Es ist wichtig, den Bewegungsdrang dieser Kinder nicht durch übertriebene Sorge oder Zeitmangel einzuschränken. Auch wenn es nicht ganz ungefährlich ist, sollten Sie Ihr Kind auf Bäume klettern oder über einen Zaun springen lassen, statt es brav die ausgetretenen Wege gehen zu lassen.
- Wenn das Wetter oder die Zeit es nicht zulassen, ins Freie zu gehen, schaffen ein kleines Trampolin im Haus, Jonglierbälle, eine Schaukel in der Zimmertüre, eine Stange an der Decke für Klimmzüge oder Tischfußball im Keller sportlichen Ausgleich.
- Ein sportliches Talent ist besonders gut trainierbar und Bewegung macht Kindern vor allem in einer Gruppe Spaß. Wenn Ihr Kind sich nicht für eine Sportart entscheiden kann, orientieren Sie sich zunächst einmal an seinem Freundeskreis. Wenn sich mehrere Kinder gleichzeitig in einem Sportverein anmelden, ist Durchhalten meist garantiert.

## Emotionale Intelligenz und soziale Kompetenz

Konrad, 39, Papa von Jonas

### Jonas weiß immer, wie es anderen geht

❱❱ *Mein sechsjähriger Sohn Jonas hat ein gutes Gespür für andere Menschen. Wenn ich schlechte Laune habe, merkt er das sofort. Und auch seiner Lehrerin ist Jonas Einfühlungsvermögen sehr schnell aufgefallen. Schon in der zweiten Schulwoche ist er zu ihr gekommen und hat gefragt: »Geht's dir heut nicht gut? Du lachst nicht so oft.« Tatsächlich hatte Frau Bauer an dem Tag starke Kopfschmerzen. Wenn ein anderes Kind der Klasse weint, merkt Jonas das zuerst. Er findet schnell Freunde und kann sich in jeder Arbeitsgruppe gut integrieren. Bei Konflikten hält er sich eher raus und beobachtet die anderen, bevor er sich seine eigene Meinung bildet und etwas dazu sagt. Er weiß selbst genau, was ihn traurig macht und was ihm helfen könnte, damit er sich wieder besser fühlt.* ❰❰

Gefühle haben großen Einfluss auf unser Handeln, Denken und Lernen. Deshalb ist es wichtig, dass Kinder die eigenen Gefühle nicht nur wahrnehmen und benennen, sondern auch konstruktiv mit ihnen umgehen lernen. Denn Gefühle können vor allem sensible Kinder runterziehen und bremsen. Kinder, deren Begabung auch im sozial-emotionalen Bereich liegt, haben besonders feine Antennen für sich und ihre Umwelt. In einem rauen, von Spannungen geprägten Umfeld oder in einer Klasse, in der viel Streit und Rangkämpfe stattfinden, leiden sie. Sensible Kinder brauchen ein gutes Selbstwertgefühl, um im Zweifelsfall klar Nein sagen zu können und sich abgrenzen zu lernen. Gefühle können aber auch motivieren und sind ein wichtiger Erfolgsfaktor. Wer mitfühlen und sich und andere gut einschätzen kann, hat immer einen Vorteil.

Natürlich ist das familiäre Umfeld besonders wichtig. Emotionales Gespür und Rücksichtnahme wird am besten gelernt, indem man sie erfährt. Es lohnt sich auf jeden Fall bei allen Kindern, soziale und emotionale Fähigkeiten zu schulen. Denn das ist die Grundlage für ein harmonisches Miteinander und privates Glück.

### So fördern Sie soziale und emotionale Begabung im Alltag:

- Sensible und sozial feinfühlige Kinder brauchen sowohl viele Gespräche mit uns Erwachsenen als auch Kontakte zu anderen Kindern. Ohne den Austausch mit Gleichaltrigen sind sozial angemessene Verhaltensweisen schwer trainierbar.
- Um mit Gefühlen bei sich und anderen umgehen zu lernen, hilft es vor allem, die Emotionen zu benennen. Wenn ein Kind sagt: »Jetzt bin ich so zornig, ich möchte dich am liebsten schlagen!«, zeigt es damit, dass es das Gefühl erkannt hat, es benennen kann und sogar eine Möglichkeit wüsste, sich abzureagieren. Ein Kind, das weniger nachdenkt, würde vielleicht sofort schlagen, weil es sich verbal nicht abreagieren kann.
- Vor allem Einzelkindern brauchen Freundschaften, die über die Schule hinausgehen. Oft haben sie zwar ein feines emotionales Gespür, aber wenig Übung im Umgang mit anderen. Gemeinsame Ausflüge oder Urlaube mit anderen Kindern und Familien sind gute Übungsmöglichkeiten.
- Wenn Ihr Kind manchmal sehr sensibel auf Umwelt, Stimmungen und viele Reize reagiert, braucht es ruhige Auszeiten in der Natur oder in aller Gemütlichkeit zu Hause. Da kann es auftanken und seine Eindrücke emotional verarbeiten. Auch gute Gespräche und aufmerksames Zuhören helfen sehr beim Verarbeiten von zu vielen oder zu starken Reizen aus der Umwelt.

### Praktisches Talent und Kreativität

Manuela, 40, Mama von Sabrina und Tim

## Unsere Kinder haben eine blühende Fantasie

>> *Sabrina und Tim sind Zwillinge und gehen in die 5. Klasse. Erstaunlicherweise brauchen sie kaum Spielzeug, sondern spielen mit allem, was sie finden: einem Stück Stoff, einem Klumpen Ton, Blättern, Kastanien oder Zweigen. Aus allem entsteht etwas Neues. Bei Sabrina wird der Kochlöffel zur lustigen Kasperlfigur, aus alten Zeitungen faltet sie Hüte oder Schiffe. Ausrangierte Kleidungsstücke werden zu Kostümen, alte Schuhen werden bemalt und zu Blumentöpfen umfunktioniert. Tim liebt es auch, technische Herausforderungen durch eigene Ideen zu lösen: Sein Fahrrad wird so lange umgebaut, bis es tatsächlich schneller fährt, und den Abfluss im Badezimmer macht er mit einer Gabel wieder frei und hat Spaß daran. Natürlich geht auch manches schief. Aber dann verzweifelt er nicht, sondern versucht einen anderen Weg.* ‹‹

Einfallsreichtum und praktisch-manuelle Begabung liegen meist nahe beisammen. Obwohl diese Talente oft nicht als eigene Begabungssparte angesehen werden, sind sie ein Bestandteil von Intelligenz. Denn Kreativität ist die Fähigkeit, neue Lösungen für Probleme oder Aufgabenstellungen zu finden, flexibel zu sein und ungewöhnliche Ideen in verschiedenen Bereichen zu entwickeln. Kreative Kinder haben verblüffend viele Einfälle, können improvisieren und sich gut auf neue Situationen einstellen. Sie sind die geborenen Erfinder, je skurriler eine Idee oder eine Situation ist, desto mehr fühlen sie sich inspiriert.

In unserer derzeitigen Bildungslandschaft wird Kreativität und praktische Begabung oft zu wenig gefördert. Stellen Sie sich nur ein Kind vor, das statt eines Antwortsatzes ein wunderschönes Bild unter die Rechenaufgabe zeichnet oder mit den Springseilen in der Sporthalle verschiedene Knotentechniken ausprobiert. Außerdem wird in der Schule mehr Wert auf Denken gelegt als auf spontane Einfälle. Auch die Freizeitangebote im kreativ-praktischen Bereich sind spärlicher als zum Beispiel im sportlichen oder sprachlichen.

**So fördern Sie Kreativität und praktische Begabung im Alltag:**

• Kinder brauchen zu Hause die Möglichkeit, dieses Talent auszuleben. Lassen Sie öfter Gewohnheiten beiseite und fragen Sie stattdessen Ihr Kind nach seinen Ideen: »Der Kühlschrank ist fast leer, ich mag nicht einkaufen gehen, hast du eine Idee wie wir aus den Resten ein leckeres Abendessen hinkriegen?«

• Legen Sie gemeinsam eine Krimskrams-Kiste an, mit Stoffresten, alten Behältern, Naturmaterial, jeder Menge Bastelutensilien, Klebstoff und Farben. Auch ein kleiner Handwerkskasten mit stabilem Werkzeug regt kreative Ideen an. Werfen Sie Verpackungsmaterial, Styropor oder Plastikbecher nicht gleich weg, sondern fragen Sie Ihr Kind, wozu es noch zu verwenden wäre.

• Lassen Sie viel Freiraum in der Freizeit. Kreativität braucht Anregung und Zeit, um sich zu entfalten.

• Lassen Sie Ihr Kind zu Weihnachten oder an Papas Geburtstag den Tisch schön decken.

• Vielleicht darf es auch die Kinderzimmerwand mit Formeln oder Vokabeln bemalen? Kleiner Tipp: Tafelwandfarbe kann super beschrieben werden.

• Seien Sie nicht zu kritisch, wenn etwas schief wird, kaputt geht oder etwas ganz Unerwartetes passiert: Wenn Ihr Regenschirm zum Zauberdach umgebaut wurde oder die Mütze als Hamsterbett dient, ist das sicher nicht aus böser Absicht passiert.

## Hochbegabte Kinder

●●●●●●●●●●●●●●●●●●●●●●●●●●●●●●●●●●

**Albert, 48, Papa von Felix**

### Felix behält immer einen kühlen Kopf

›› *Bei einem Schulausflug in die Berge ist die ganze Klasse von unserem zwölfjährigen Felix in ein Gewitter gekommen und hat sich im Gelände verirrt. Die beiden jungen Lehrerinnen waren selbst ängstlich, versuchten aber, die Kinder, so gut es ging, zu beruhigen. Felix checkte blitzschnell alle Handys der Kinder und fand eines, das in dieser Gegend funktionierte. Er installierte eine neue App, bestimmte die Koordinaten und informierte mich über seinen Standort. So konnte ich dann Hilfe organisierten. Felix ist dabei so ruhig geblieben, dass die Angst und Spannung bei den anderen deutlich nachgelassen hat. Wieder zu Hause hat er sich hingesetzt und die genaue Abweichung von der Wanderroute errechnet.*

●●●●●●●●●●●●●●●●●●●●●●●●●●●●●●●●●●

**Sonja, 41, Mama von Camilla**

### Camilla liebt Französisch

›› *Unsere zehnjährige Tochter Camilla hat sich nach einem Urlaub in Frankreich vorgenommen, später einmal in Paris zu studieren. Seitdem hört sie fast täglich die Nachrichten zuerst in deutscher und dann in französischer Sprache. Auch Filme schaut sie sich gerne auf Französisch an. Ihr Vater hat ihr französische Bilderbücher und ein Wörterbuch geschenkt. Jetzt ist dieser Frankreichurlaub ein Jahr her und es ist kaum zu glauben: Camilla kann sich recht gut in Französisch ausdrücken, obwohl das weder unterrichtet wird noch jemand von uns diese Sprache beherrscht.* ‹‹

●●●●●●●●●●●●●●●●●●●●●●●●●●●●●●●●●●

Viele Eltern wünschen sich, dass ihr Kind hochbegabt ist oder eine außergewöhnliche Begabung hat. Ob ein hochbegabtes Kind jedoch ein Sonntags- oder ein Sorgenkind wird, entscheidet erstens, ob die Hochbegabung erkannt wird, und zweitens, wie die Umwelt darauf reagiert. Denn die Einstellung der Umwelt und die passende Förderung sind wichtig dafür, dass ein hochbegabtes Kind mit Freude und Erfolg seinen Weg zur außergewöhnlichen Leistung weitergehen kann.

Als hochbegabt bezeichnet man Menschen, deren Ergebnisse bei standardisierten Tests in den meisten Begabungssparten weit über dem Durchschnittwert ihres Alters liegen. Das heißt, sie sind in ihrer intellektuellen Leistungsfähigkeit Gleichaltrigen deutlich überlegen. Ungefähr 2–3 Prozent der Schüler fallen unter diese Beschreibung und haben vor allem drei Persönlichkeitsmerkmale: hohe intellektuelle Fähigkeiten, hohe Kreativität und hohe Motivation.

Die Frage, ob ein Kind zu den 2–3 Prozent zählt, ist gar nicht so einfach zu beantworten, denn es kann sehr unterschiedliche Verhaltensweisen zeigen:

- Hochbegabte Kinder haben intellektuell keine Probleme, sie haben ein ausgezeichnetes Gedächtnis und sind an vielem interessiert. Trotzdem versagen sie häufig bei ganz einfachen Arbeiten und zeigen erst bei schwierigen Aufgaben, was in ihnen steckt. »Underachiever«, »Minderleister« nennt man Kinder, die trotz bester Begabung schlecht in der Schule abschneiden. Denn oft führt ständige geistige Unterforderung und Langeweile zum Weghören oder scheinbaren Konzentrationsmängeln.
- Noten und Schulerfolg sind deshalb kein aussagekräftiges Indiz für Hochbegabung.

Manchmal sind diese Kinder in der Schule unterfordert und legen deshalb ein eigenartiges Verhalten oder auch Misserfolge an den Tag. Sie werden ganz leise und ziehen sich zurück, um nicht aufzufallen, oder sie spielen den Kasper oder zeigen bei jeder Gelegenheit, dass sie schneller und besser sind.

- Hochbegabte Kinder fallen häufig durch ihre gute sprachliche Ausdrucksfähigkeit auf.
- Oft zeigen sich ihre Fähigkeiten in besonders herausfordernden Situationen: Sie behalten den Überblick und finden außergewöhnliche Lösungen auch dort, wo Erwachsene erst hilflos sind.
- Hochbegabte Kinder sind gute Autodidakten, wenn sie an einer bestimmten Sache interessiert sind, und überflügeln bald auch Erwachsene in Wissen und Kreativität. Steve Jobs, der Gründer von Apple, war seinem Gebiet von klein auf bekannt hochbegabt.
- Manche Hochbegabte neigen zu Perfektionismus und setzen ihre Standards sehr hoch an. Hier sind vor allem die Eltern gefragt, aufzupassen, dass ihr Kind sich selbst nicht unter Druck setzt.
- Manche hochbegabten Kinder, vor allem wenn ihre besonderen Fähigkeiten nicht erkannt werden, fühlen sich in ihrer Gedankenwelt und in der Gruppe Gleichaltriger einsam und unverstanden. Sie wirken oft traurig und fühlen sich als Außenseiter. Viele möchten das verstecken, weil sie eine Sehnsucht nach Zugehörigkeit spüren. Sie brauchen besonders viel emotionale Unterstützung von Erwachsenen, um mit dem »Anderssein« zurechtzukommen und ihren Weg gehen zu können.

Wirklich Auskunft können jedoch nur seriöse, standardisierte Intelligenztests und erfahrene Kinderpsychologen geben. Laiendiagnosen können gefährlich sein, da Kinder dann in eine Rolle gedrängt werden, die sie überfordert.

**Einseitig hochbegabt**
Darüber hinaus gibt es Kinder, die in vielen Sparten gerade durchschnittlich oder auch gar nicht gut begabt, aber in einem einzigen Bereich zu Spitzleistungen fähig sind. Selten passiert es zum Beispiel, dass ein Kind ein kleines Genie in Mathematik ist, aber in den anderen Bereichen nur unterdurchschnittliche Begabung aufweist. Diese Kinder haben es besonders schwer, sie brauchen viel pädagogisches Feingefühl und manchmal psychotherapeutische Hilfe, denn unser Schulsystem ist nicht so flexibel, dass es auf diese Einzelfälle bestmöglich eingehen kann. Oft müssen diese Kinder viele Enttäuschungen und Misserfolge einstecken, obwohl sie spüren, dass sie in einem gewissen Bereich den anderen deutlich überlegen sind. Auch wenn sie natürlich ihre Defizite ausgleichen müssen – auch ein kleiner Einstein muss Lesen und Schreiben lernen und regelmäßig am Sport teilnehmen –, so darf auf der anderen Seite auf keinen Fall seine besondere Spitzenbegabung übersehen werden, denn dort liegen die derzeitigen und späteren Erfolge.

## Erfolgsintelligenz
Viele Begabungen, gepaart mit Bildung und guter Förderung, sind eine tolle Basis. Zur optimalen Umsetzung im Leben und bei konkreten Herausforderungen braucht es vor allem eine Kombination von Körper, Herz und Verstand, die der US-amerikanische Psychologe Robert J. Sternberg mit dem Begriff »Erfolgsintelligenz« mit folgenden Worten beschreibt:

>> »Intelligent ist, wer Herz und Verstand so mit Kreativität zu paaren weiß, dass daraus der entscheidend praktische Erfolg wird.« – Robert J. Sternberg

## Jedes Kind ist einzigartig

Auch wenn auf den ersten Blick nicht jedes Kind auffällige, außergewöhnliche Begabungen zeigt, so hat mit absoluter Sicherheit jedes Mädchen und jeder Junge besondere Interessen und Fähigkeiten. Manche Talente sind verborgen, werden zuerst übersehen oder wollen noch trainiert werden.

Bei den folgenden Kindern zeigt sich schon früh sehr deutlich, was in ihnen steckt:

- Mario, 9, war schon immer gerne bei Oma in der Küche. Jede Art von Kochen und Backen begeistert ihn und er vergisst dabei vollkommen die Zeit.
- Linus, 11, hat eine besondere Gabe, mit Tieren umzugehen. Er liebt Tierdokumentationen und verbringt jede freie Minute mit Tieren. Der Hund der Nachbarfamilie und andere Tiere aus der Umgebung bringt er sogar, wenn es donnert, durch seine spezielle Art zur Ruhe.
- Kim, 8, interessiert sich für Nähen und Mode. Mit sechs Jahren hat sie schon Faschingskostüme erfunden. Sie mag es, sich mit einfachen Kleidungsstücken schick und pfiffig anzuziehen. Mit einer alten Nähmaschine näht sie Kleider für ihre Puppen selbst, auch wenn sie viel hübschere im Kaufhaus kaufen könnte.

Wenn wir auf die Interessen unserer Kinder achten, liegen wir nie falsch. Dort sind in den meisten Fällen ihre besonderen Fähigkeiten zu finden. Wenn junge Menschen ihren Interessen folgen können und sie diese in der Schule oder im Privaten ausleben und trainieren dürfen, werden sie täglich einen Korb voll Erfolgserlebnisse ernten. So lernen Kinder, ihren Fähigkeiten zu vertrauen und sich selbst mit allen ihren Besonderheiten wertzuschätzen. Mit dieser Haltung schaffen sie es dann auch, mit Schwächen und Misserfolgen umzugehen und auch bei starkem Gegenwind stabil zu bleiben. Das ist der wichtigste Lernfaktor für ein erfülltes und zufriedenes Leben.

### Der kleine Unterschied: Mädchen und Jungen

Mädchen und Jungen haben tendenziell andere Schwerpunkte in ihren Interessen und Begabungen. Verschiedene Studien, z.B. der Gender-Datenreport 2005, bescheinigen den Mädchen eine ausgeprägte Lese- und sprachliche Kompetenz. Dafür haben viele Jungen mehr Interesse an sportlichen, räumlichen und logischen Herausforderungen. Sie interessieren sich oft für Gegenstände, wie sie funktionieren, und brauchen verstärkt körperliche Action. Sie konkurrieren gerne, besonders im Sport. Mädchen hingegen kooperieren tendenziell mehr, engagierten sich früh in sozialen Projekten und schneiden in der Schule statistisch gesehen besser ab als Jungen. Schülerinnen haben mehr Freude an schöner Schrift und an optisch ansprechenden Schulsachen. Ihre Interessen tendieren nach wie vor zu den Sprachen und zum Lesen. Auch Jungen, die einen großen Wortschatz haben und sehr kommunikativ sind, sind beim Lesen und Rechtschreiben oft schlechter als ihre Altersgenossinnen.

Aber Achtung: Natürlich kann es im Einzelfall auch ganz anders sein. Es gibt auch Mädchen, die mit dem Schulsystem und dem Lesen nicht so gut zurechtkommen, und es

## Schwach oder Stark? – Das kommt auf die Situation an

Es war einmal ein Junge, der war mit nur einem, dem rechten Arm auf die Welt gekommen. Dieser Junge bat seine Eltern, Judounterricht nehmen zu dürfen, obwohl sie wenig Sinn darin sahen: »Mit nur einem Arm wären doch Weitsprung oder Fußball viel besser.« Sein Judolehrer brachte ihm einen einzigen Griff bei und den sollte er immer wieder trainieren. Nach einer Weile fragte der Junge: »Sollte ich nicht noch mehrere Griffe lernen?« Sein Lehrer antwortete: »Das ist der einzige Griff, den du perfekt beherrschen musst.« Obwohl der Junge das nicht ganz verstand, trainierte weiter. Bei seinem ersten Turnier gewann er alle Kämpfe mit dem einen Griff mühelos und kam ins

Finale. Sein Gegner war sehr viel größer, älter und kräftiger und der Junge dachte, dass er jetzt wohl verlieren werde. Als sein Gegner einen Moment unachtsam war, gelang es dem Jungen aber, seinen einzigen Griff perfekt anzuwenden. Und so gewann er zum Erstaunen aller.

Später fragte der Junge den Lehrer: »Wie konnte ich mit nur einem einzigen Griff das Turnier gewinnen?« Der Lehrer antwortete: »Der Griff, den du so gut beherrschst, ist einer der schwierigsten und besten Griffe. Gegen den kann man sich nur verteidigen, wenn man den linken Arm des Gegners zu fassen bekommt.« Da wurde dem Jungen klar, dass seine größte Schwäche auch eine Stärke war.

gibt Jungen, die ihre Schulzeit scheinbar spielend durchlaufen und wahre Bücherwürmer werden.

**Jungen brauchen vor allem Ansporn**

Schreiben und Lesen sind Grundkompetenzen für schulisches Lernen. Schon die erste PISA-Studie hat dargelegt, dass die verstärkte Leseförderung der Jungen ein wichtiges schulisches Ziel ist. Gut lesen können heißt gut lernen können. Und gerade hier brauchen manche Schüler Unterstützung. Jungen wollen verstärkt Action und Abenteuer. Wenn diese in Büchern, Comics oder Zeitschriften zu finden sind, lesen sie meist auch lieber. Nicht umsonst wurden die Harry-Potter-Bücher auch bei Jungen ein Erfolg.

Aber Leser werden nicht geboren, sondern vor allem erzogen: Lesen Sie von klein auf regelmäßig vor. Bücher und Zeitschriften für

Jungen gemeinsam lesen und spezielle Jungenliteratur helfen den kleinen Lesemuffeln oft auf die Sprünge.

**Gute Aussichten**

In den letzten Jahren kommen sich Mädchen und Jungen, was die Schulleistungen betrifft, langsam näher. Die Unterschiede innerhalb der Geschlechter sind mindestens genauso groß wie zwischen Jungen und Mädchen. Volker Ladenthin, deutscher Erziehungswissenschaftler an der Universität Bonn, ist der Meinung, dass hier vor allem die Erziehung und die Erwartungshaltung der Gesellschaft eine große Rolle spielen. »Eine zeitgerechte Erziehung soll Wege finden, auf denen Mädchen und Jungen ihre individuellen Möglichkeiten entfalten können, sich aber gleichzeitig selbstbewusst in ihren gesellschaftlichen Rollen zurechtfinden.«

# Baustein 4: Miteinander reden

Eine gute Gesprächsbasis mit den Eltern ist die Grundlage für ein erfolgreiches Schülerleben, erst recht, wenn es mal Probleme gibt.

# Im Gespräch bleiben

Es ist gar nicht so leicht, im Gespräch mit anderen zu bleiben. Mal fehlt die Zeit, mal die Ruhe. Für ein gutes Zusammenleben sind Gespräche aber ganz wichtig.

Wenn wir miteinander reden, tauschen wir uns aus und nehmen so an dem Erleben der anderen teil. Für gute Beziehungen ist das ganz wichtig, ganz besonders innerhalb der Familie. Was machen die anderen? Was beschäftigt sie? Worüber denken sie nach?

>> »Wir müssen immer wieder das Gespräch suchen. Das Gespräch ist die einzige Brücke zwischen den Menschen.« – Albert Camus (1913–1960)

Manchmal ist es eine echte Herausforderung für uns Eltern, mit unseren Kindern im Gesprächskontakt zu bleiben. Versuchen Sie es trotzdem, es lohnt sich! Für eine gute und gelungene Schulzeit ist es ebenfalls wichtig, dass wir als Eltern hin und wieder den Kontakt mit den Lehrern unserer Kinder suchen.

## Mit Kindern reden

Als Eltern möchten wir gerne durch Gespräche an der Welt unserer Kinder teilhaben.

Manchmal ist es allerdings schwer, mehr aus Kindern herauszubekommen als ein oder zwei Wörter. Kennen Sie solche oder ähnliche Dialoge?

Mama: »Wie war's heute in der Schule?«
Tanja: »Schön.«
Mama: »Hattest du alle Hefte mit?«
Tanja: »Ja.«
Mama: »Und hast du wieder viele Hausaufgaben?«
Tanja: »Ja.«
Mama: »Was habt ihr denn heute gelernt?«
Tanja: »Nicht viel.«
Mama: »War der Mathetest schwierig?«
Tanja (genervt): »Neeein!«
Mama (genervt): »Muss ich dir denn alles aus der Nase ziehen?«

Manche Kinder reden wie ein Wasserfall, wenn sie nach Hause kommen, aber viele sind eher schweigsam. Grundschüler sind oft erschöpft nach einem anstrengenden Schultag und Jugendliche sind prinzipiell eher unkommunikativ.

Oftmals möchten Kinder genau dann reden, wenn Sie beschäftigt sind. Bei automatisierten Tätigkeiten, wie Kochen, Bügeln oder Gartenarbeit lässt es sich gut zuhören, wenn Sie zwischendurch Blickkontakt aufnehmen und kurze Unterbrechungen einschieben können. Wenn Sie aber eine kniffelige Arbeit am Computer zu erledigen haben oder gerade Ihre ganze Konzentration für eine wichtige Liste brauchen, sagen Sie klar und deutlich: »Ich brauche hier noch ein paar Minuten und dann habe ich Zeit für dich.« Das verstehen Kinder sehr gut und sie warten dann auch gerne – nur sollten Sie es nicht vergessen.

### Eine freundliche Atmosphäre

Routine und eine lockere Atmosphäre sind für gute Gespräche wichtig. Wenn Sie zum Beispiel täglich beim Abendessen vom Tag erzählen, wird sich das Kind schnell daran gewöhnen. Vermeiden Sie vor allem gewohnheitsmäßige elektronische Ablenkung: Bei einem laufenden Fernsehgerät, einem lauten Radio oder mit einem Smartphone in der Hand ist Reden schwer. Eine gute Zeit, um den Tag noch einmal kurz Revue passieren zu lassen, ist auch kurz vor dem Einschlafen. Gemütliches Zusammensitzen fördert die Atmosphäre für einen kleinen Austausch. Eine Kuscheleinheit beendet dann das Gespräch.

### Auf dem Laufenden bleiben und detaillierte Fragen stellen

Die Konversation bleibt lebendiger, wenn Sie offene und detaillierte Fragen stellen. Anstelle einer vagen Formulierung: »Wie war es in der Schule?« könnten Sie beispielsweise nach einem Freund fragen, mit dem Ihr Kind normalerweise spielt oder nach dem Ausflug ins Museum, der im Elternbrief angekündigt war. »Was habt ihr beim Ausflug erlebt?«

### So ermuntern Sie Ihr Kind zum Gespräch

Wenn Sie ein Schulkind haben, von dem Sie nach der Schule nur sehr kurze Antworten bekommen, ist das aber kein Grund zur Sorge. Auch wir Erwachsenen wollen nicht immer gleich gefragt werden, wenn wir zur Tür hereinkommen, sondern lieber erst einmal in Ruhe ausspannen und ankommen.

### Interesse zeigen, aber nicht ausfragen

Wenn Sie merken, dass Ihr Kind einsilbig antwortet, reagieren Sie entspannt: »Ich will dich nicht nerven. Vielleicht magst du ja zu einem anderen Zeitpunkt erzählen.« Kinder kommen von selbst, wenn sie von sich aus etwas mitteilen wollen und Interesse spüren. Dann ist aktives Zuhören besser als Bohren. Hören Sie wirklich zu und antworten Sie mit vollständigen Sätzen, so wie Sie sich das auch von Ihrem Kind wünschen. Sagt Ihr Kind beispielsweise »Wir haben heute draußen im Schulhof gespielt«, fragen Sie »Wer war dabei?« oder »Welche Spiele spielt ihr draußen am liebsten?«

Zumindest in groben Zügen sollten Sie stets darüber informiert sein, was aktuell in der Schule, im Hort oder im Freundeskreis Ihres Kindes passiert. Denn für Kinder ist es sehr anstrengend, wenn Mama oder Papa nur wenig Ahnung haben, was gerade so läuft, und sie von Anfang an berichten und erklären müssen. Nehmen Sie Einladungen zu Elternabenden wahr, sprechen Sie regelmäßig mit anderen Vätern und Müttern. Ermutigen Sie Ihr Kind dazu, Mitschüler zu sich nach Hause einzuladen. So lernen Sie seinen Freundeskreis kennen und können später direkt an das Erleben des Kindes anknüpfen. Dann macht Erzählen richtig Spaß.

**Beide Elternteile sind gefragt**

Es ist gut, wenn beide Elternteile auf dem Laufenden sind, was die wichtigsten schulischen Ereignisse betrifft. Dann kann sich das Kind aussuchen, was es mit wem lieber besprechen möchte. Papa hat vielleicht bessere Ideen, wie man sich gegen den dominanten Angeber in der Klasse durchsetzt, und Mama hat sicher einen guten Rat, was man zur nächsten Kinderparty anziehen könnte.

**Erzählen Sie auch über sich**

Erzählen Sie auch, was Sie selbst getan und erlebt haben. Das verbindet die ganze Familie. Wenn Ihr Kind möchte, wird es sich ins Gespräch einschalten. Kinder, die aus Familien kommen, in denen eher wenig geredet wird, sprechen selbst später auch weniger. Nutzen Sie auch Gelegenheiten wie Autofahrten, Spaziergänge oder gemeinsame Einkäufe, um miteinander zwanglos zu reden. So lernen Ihre Kinder, wie eine gesunde, lockere Kommunikation abläuft. Wenn wir Kinder als gleichberechtigte Gesprächspartner sehen und nicht zu viel ausfragen oder ständig belehren, festigt das die Beziehung und schafft Vertrauen.

## Warum hört mein Kind nicht zu?

Susanne, 36, Mama von Lisa

### Lisa reagiert einfach nicht

❯❯ *Es ist immer wieder dasselbe! Ich schaue von der Küche ins Kinderzimmer meiner siebenjährigen Tochter Lisa und obwohl ich sie schon oft ermahnt habe, sitzt Lisa noch immer in einem Berg von Spielzeug. Ihre Schultasche liegt ungeöffnet im Flur. Selbst im Stress, rufe ich trotzdem möglichst freundlich in Richtung Kinderzimmer: »Dein Schulranzen liegt noch immer im Flur! Du weißt doch, wir müssen noch zum Zahnarzt und du hast noch immer keine Hausaufgaben gemacht! Und vergiss nicht, Klavier zu üben, du hast morgen Unterricht! Und könntest du bitte zur Abwechslung mal die Spielsachen gleich wegräumen?« Obwohl ich nicht gerade leise rede, schaut Lisa dann nur kurz auf und spielt weiter, gerade so, als hätte ich nichts gesagt. Und so geht es jeden Tag: Ich rede und rede, aber nichts passiert. Was läuft da schief?* ❮❮

Die Kommunikationswissenschaft hat einige Erklärungen für das, was Susanne mit ihrer Tochter regelmäßig erlebt: Nur etwa sieben Prozent einer verbalen Botschaft wird über die Worte aufgenommen, die wir sprechen. Ungefähr 55 Prozent der Kommunikation laufen über die Körpersprache, also über Mimik, Gestik und Auftreten, und 38 Prozent werden durch den Klang der Stimme und die Art und Weise des Sprechens vermittelt.

Wer von Kindern wirklich gehört werden möchte, der sollte also zuerst sich selber beobachten und dann einiges beachten.

## Direkt, präzise und eindeutig

Ungenaue Anweisungen oder zu viele Botschaften auf einmal führen leicht dazu, dass gar nichts mehr aufgenommen wird. Wenn eine widersprüchliche Körpersprache dazukommt oder der Tonfall nicht zum Inhalt des Gesagten passt, schaltet das Gehirn auf Durchzug. Quer durch die Wohnung zu rufen nützt selten. Wichtig ist, dass Eltern präsent und präzise sind: Also hingehen, sich am besten auf Augenhöhe begeben und das Kind mit dem Vornamen ansprechen. So zeigen Sie: Ich beschäftige mich gerade nur mit dir. Kinder merken sofort, wenn man nicht ganz bei der Sache ist oder etwas anderes meint oder fühlt, als man sagt.

Eindeutige Sätze kommen besser an. Susanne sagt zum Beispiel: »Dein Schulranzen liegt immer noch im Flur!« und meint eigentlich: »Fang endlich mit den Hausaufgaben an.« Lisa hört: »Dein Schulranzen liegt immer noch im Flur!« und denkt intuitiv: »Das stimmt.« Sie fühlt sich aber nicht angesprochen und reagiert daher nicht.

Kurze Botschaften wie: »Trag deinen Schulranzen in dein Zimmer!« oder »Lisa, beginne jetzt mit den Hausaufgaben« werden verstanden. Unsere Kinder haben noch weniger Gesprächserfahrung als wir Erwachsene und nehmen Sätze immer wortwörtlich. Deshalb brauchen sie eindeutige Aussagen, die sie richtig verstehen können.

»Das macht man nicht!« ist eine Aussage, die uns immer wieder entschlüpft. Was soll man auch stattdessen sagen? »Das machst du nicht« stimmt nicht, denn das Kind macht es gerade. »Das mache ich nicht« stimmt wahrscheinlich schon, ist aber dem Kind gerade egal. Besser Sie sagen, was passieren soll: »Pack deinen Schulranzen

jetzt. Das ist mir wichtig.« Auch Worte wie »schon wieder«, »nie« und »immer« sind destruktiv und meist schlichtweg falsch. »Du machst nie deine Aufgaben« oder »Immer bist du langsam« verallgemeinern, werten das Kind ab und motivieren nicht, es anders zu machen.

Auch wenn sie höflich gemeint sind, erzeugen zu umständliche Formulierungen Unklarheiten. »Vergiss bitte nicht, Klavier zu üben, du hast morgen Unterricht« oder »Könntest du bitte die Spielsachen heute ausnahmsweise gleich wegräumen?« sind zwar höflich formuliert, haben aber wenig Aufforderungscharakter. Besser: »Räume jetzt deine Spielsachen vom Boden weg.« Und erst wenn das erledigt ist: »Klavierspielen ist jetzt an der Reihe!«

## So wird Ihr Kind durch ein gutes Gespräch motiviert

..................................................

Thomas, 43, Papa von Markus

### Markus will nicht lesen

❯❯ *Markus ist einer echter Mathematiker, aber Lesen macht ihm absolut keinen Spaß. Meine Frau und ich sind sehr besorgt, weil er jegliche Leseübungen ablehnt. Die Lehrerin hat es ziemlich drastisch formuliert: »Ich denke, Markus will einfach nicht lesen. Es liegt nicht am Können, sondern am Wollen! Er ist klug genug, aber ohne Übung geht es nicht. Er sollte zu Hause mehr üben. Sie müssen sich einfach besser durchsetzen!«*

*Aber immer, wenn das Gespräch in der Familie auf das Thema »Lesen« kommt, reagiert Markus trotzig: »Ich kann die blöden Buchstaben! Soll ich sie euch auf-*

*sagen? A, b, c, d … Aber Lesen ist doof! Ich will nicht darüber reden.«*

*Wenn ich ihn zum Lesen zwinge, fliegt auch schon mal das Lesebuch durchs Zimmer. Neulich ist die Situation dann völlig eskaliert, als ich geantwortet habe: »Du wirst schon sehen, was du davon hast. Ohne flüssiges Lesen kannst du bestenfalls Parkwächter werden, und nicht mal das, da gibt es auch Schilder, die du lesen musst!« Und meine Frau setzte noch eins drauf: »Der Schwimmbadbesuch ist gestrichen und du bleibst in deinem Zimmer!« Natürlich hat es uns beiden sofort leidgetan, aber Markus hat es trotzdem gehört und wütend reagiert: »Na und? Mir doch egal!« Er ist weinend in sein Zimmer gelaufen und hat die Tür hinter sich zugeschlagen. Das ist doch auf Dauer kein Zustand!* ◖

...................................................

Markus' Eltern haben sich daraufhin entschlossen, professionelle Beratung bei einem Kindertherapeuten in Anspruch zu nehmen. Dort wird weniger über das Lesen geredet als darüber, wo die Begabungen und Interessen von Markus liegen: Er denkt logisch, lernt auch gerne am PC, er bastelt kreativ und ausdauernd und hält sich gerne im Freien auf. Markus ist ein guter Schwimmer und freut sich deshalb immer, wenn sein Papa mit ihm ins Schwimmbad geht. Mit Hilfe seiner Stärken lassen sich dann neue Ideen entwickeln.

### Ruhige Atmosphäre und positiver Einstieg

Setzen Sie sich in Ruhe mit Ihrem Kind zusammen, am besten beide Elternteile, wenn das möglich ist. Signalisieren Sie einen klaren Gesprächsbeginn für ein Thema, das Ihnen wichtig ist, zum Beispiel: »Markus, setze dich bitte für zehn Minuten zu uns an den Tisch, das ist sehr wichtig für uns.« Finden Sie einen positiven Einstieg, das fördert die Gesprächsbereitschaft und hebt die positive Aufmerksamkeit beim Kind, zum Beispiel: »Kannst du dich erinnern, als du schwimmen gelernt hast? Immer wieder bist du untergegangen, aber du bist trotz Wasserschlucken drangeblieben, hast geübt und geübt und jetzt schwimmst du sogar schon im ganz Tiefen!«

### Das Problem klar ansprechen

Dann kommen Sie zum eigentlichen Thema und sprechen klar an, was das Ziel dieser Unterhaltung ist, zum Beispiel: »Jetzt ist wieder mal so ein Durchhalten gefragt wie beim Schwimmenlernen. Obwohl du die Buchstaben einzeln wirklich gut kannst, könntest du im Lesen wesentlich besser sein. Du magst das Lesen nicht, sagst du, das verstehe ich. Jeder hat Schwachstellen. Trotzdem ist Lesen wichtig und gehört nun mal zur Schule dazu. Wir haben uns ein paar Dinge überlegt, wie wir dir helfen möchten. Besonders gespannt sind wir aber auf deine Ideen.«

Wenn das Kind unwillig oder genervt reagiert, ist es wichtig, Verständnis zu zeigen, aber dennoch konsequent zu bleiben. Zum Beispiel so: »Ich verstehe, dass dir Lesen keinen Spaß macht. Du kannst alle Buchstaben, das wissen wir. Aber dein Gehirn braucht noch etwas Übung, bis du zügig lesen kannst. Das ist wie beim PC und da kennst du dich gut aus. Erst wenn ein Programm richtig installiert ist, läuft es rund und ohne Stocken. Alles andere ist stressig, nervt und macht keinen Spaß. Ich denke, mit 15 Minuten mehr Üben pro Tag kriegst du das Lesen gut auf die Festplatte in deinem Kopf.

15 Minuten lesen täglich, auch Samstag und Sonntag, das wird reichen.«

### Gemeinsam Lösungen suchen

Präsentieren Sie dem Ihrem Kind Ihre Ideen und fragen Sie nach seiner Meinung: »Ich habe mir noch Folgendes überlegt: Erstens: Du lässt in der nächsten Zeit die zusätzlichen Mathematikbeispiele zum Üben weg, das spart Zeit und du schaffst Mathe ohnehin ganz locker. Zweitens werde ich wegen deiner Schrift zurzeit nicht so genau sein, denn du sollst ja deine Energie vor allem auf das Lesen verwenden. Das werde ich auch mit deiner Lehrerin besprechen. Aber nun das Wichtigste: Was denkst du? Hast du auch eine Idee?«

Gehen Sie auf Ideen Ihres Kindes ein und bauen Sie sie weiter im Detail aus, zum Beispiel: Markus will nicht am Nachmittag lesen üben, sondern am Abend. »Gut, du möchtest am Abend im Lesebuch üben, wenn Papa zu Hause ist, nicht am Nachmittag. Nach den Hausaufgaben gehst du nach wie vor auf den Spielplatz. Freitag am Nachmittag und Samstag wird drei Mal 10 Minuten extra geübt, Sonntag ist lernfrei. Wann legen wir damit los?«

Lassen Sie Ihr Kind bestimmen, wann es damit anfangen will: Heute, morgen oder im Lauf der nächsten Woche. Besiegeln Sie die Abmachung mit einem Handschlag. Das wirkt verbindlicher als bloße Worte. Auch schriftliche Verträge mögen Kinder oft gerne, denn sie zeigen die Ersthaftigkeit der Abmachungen. Aber erzwingen sie nichts. Das wäre kontraproduktiv.

### Erfolge kontrollieren und würdigen

Setzen Sie sich in den folgenden Wochen zu einem vereinbarten Zeitpunkt regelmäßig zusammen, um die Fortschritte sichtbar zu machen. Markus könnte zum Beispiel einen kurzen Text vorlesen und damit beweisen, dass das Lesen jetzt besser klappt. Manchmal müssen Abmachungen im Laufe der Zeit auch verändert werden, so kann sich zum Beispiel herausstellen, dass Markus sich freitags gar nicht konzentrieren kann. Dann wird eben ein anderer Lesezeitraum überlegt. Wenn das Ziel der Vereinbarung – zum Beispiel flüssig lesen – erreicht ist, sollte der Vertrag auch klar enden. Wenn alle das möchten, könnten Sie das dann auch ein wenig feiern: Zusammensitzen, Plaudern oder einen gemeinsamem Ausflug zur Feier des Tages anschließen. Lassen Sie Abmachungen niemals einfach im Sand verlaufen. Das führt dazu, dass die nächste Vereinbarung nicht mehr ernst genommen wird.

# Im Gespräch mit Lehrern

Damit die Schule für unsere Kinder zu einem positiven Ort wird, wo sie gern hingehen, ist auch ein guter Kontakt zu den Pädagogen wichtig. Wenn alles gut läuft, ist das normalerweise unproblematisch. Heikel wird die Sache, wenn es um Gespräche mit Lehrern geht, weil sich Probleme auftun.

## Von Anfang an: Kontakt halten mit der Schule

Für eine Vertrauensbasis ist es wichtig, von Anfang an Kontakt mit den Lehrern zu halten. Wenigstens ein Elternteil sollte bei wichtigen Terminen wie Elternabenden, Sprechtagen und Schulveranstaltungen anwesend sein. Das tut vor allem Ihrem Kind gut: So spürt es, dass seine Eltern da sind und Anteil nehmen. Vor allem Grundschüler wollen, dass alle Erwachsenen sich gut verstehen. Es verwirrt sie, wenn zu Hause sehr kritisch oder abwertend über Pädagogen gesprochen wird. Eine Vertrauensbasis ist in den ersten Jahren zentral, denn immerhin prägt sie die eine Lehrkraft das Kind entscheidend. Oft verbringt sie zwei oder mehr Jahre lang täglich viele Stunden mit den Kindern ihrer Klasse.

Manche Eltern übertreiben es allerdings auch ein wenig und suchen ständig Kontakt zur Schule. Das kann dann auch belastend werden, vor allem, wenn alles gut läuft.

**Guter Wille und Gesprächsbereitschaft**

Grundsätzlich sind die meisten Lehrer froh, wenn Eltern Interesse zeigen. Aber auch für Pädagogen ist die Grenze zwischen zu viel und zu wenig Kommunikation manchmal ein Spießrutenlauf, denn ihre Zeit gehört in erster Linie den Schülern. Es ist kontra-

produktiv, aufgewühlt, unangemeldet oder während des Unterrichts auf die Lehrkraft zuzugehen. Der Zorn der Eltern ist möglicherweise berechtigt, aber meist entsteht aus einer zu impulsiven Handlung ein Konflikt, der dem Kind nicht hilft.

Je jünger das Kind und je mehr Probleme auftauchen, desto wichtiger ist es, dass zwischen Elternhaus und Schule keine Fragen, die die Entwicklung des Kindes betreffen, offen bleiben. Eltern, Lehrer und Schüler sind gleichwertige Partner, die an einem Strang ziehen müssen, um die gesteckten Ziele zu erreichen.

Aber überall, wo Menschen aufeinandertreffen, gibt es welche, die sich mögen, und andere, die sich nicht gut leiden können. Manchmal stimmt die Chemie nicht und dann finden sich Kinder oder Eltern mit dem Lehrer nicht gleich zurecht. Dann braucht es Zeit und guten Willen auf allen Seiten. Und natürlich gibt es außer engagierten Pädagogen auch solche, bei denen es wirklich Grund zur Sorge gibt, weil sie von sich aus wenig Gesprächsbereitschaft zeigt.

## Elterngemeinschaft ist wichtig

Gut vernetzte Eltern bleiben leichter auf dem Laufenden und können gemeinsam das Schulleben aktiv mitgestalten. Eine gute Möglichkeit für informellen und persönlichen Austausch mit anderen Müttern oder Vätern sind zum Beispiel Elternstammtische. Dort werden Informationen weitergegeben und Meinungen ausgetauscht. Auch wenn Sie nicht die Zeit haben, sich häufig für die Schule zu engagieren, können Sie dort punktuell mitarbeiten, Kontakte pflegen und auch Strategien besprechen, wenn Probleme auftauchen, die die ganze Klasse betreffen.

## Die Eltern waren meine Rettung

» *In meinem ersten Dienstjahr wurde ich Klassenlehrerin einer 4. Klasse in der Grundschule. Meine von allen Schülern geliebte Vorgängerin ist in Mutterschutz gegangen. An meinem ersten Schultag als Lehrerin schlug mir eisiges Schweigen entgegen. Die Kinder saßen mit verschränkten Armen in den Bänken und die Eltern haben ununterbrochen von meiner Vorgängerin geschwärmt. In den ersten Wochen hat es Phasen gegeben, in denen es in der Klasse sehr laut war. Meine Anordnungen sind zum Teil strikt verweigert oder nur mit »Bei Frau Meyer war das anders« kommentiert worden. Immer wieder habe ich ermahnt. Ich wollte Struktur in die Klasse bringen. Wenn ich selbst dabei laut geworden bin, haben sich die Kinder bei ihren Eltern über mich beschwert. Richtig anstrengend waren drei Schüler. Auf jede Anordnung kam eine ablehnende Wortmeldung: »Nö, das machen wir nicht, bei uns ist das nicht so!« Für sich genommen, war jedes Kind ein tolles Kind, aber zusammen haben sie sich ständig gegenseitig angestiftet, mich zu verunsichern, zu blamieren und Mist zu bauen. Die paar Kinder, die mich mochten und nett zu mir waren, sind so lange unter Druck gesetzt worden, bis sie nicht mehr in die Klasse gehen wollten. Ihre Eltern haben sich natürlich beschwert und wollten sie teilweise sogar aus der Schule nehmen. Das gab Riesenärger für mich bei der Schulleitung. In diesem Moment habe ich mich gefragt, was ich hier eigentlich mache. Ich habe schon daran gedacht, um Versetzung zu bitten oder den Lehrberuf aufzugeben.*

*Der letzte Ausweg war ein Krisen-Elternabend, an dem alle Fakten auf den Tisch gelegt wurden. Ich konnte offen darüber sprechen, wie es mir geht. Das Reden und gegenseitige Zuhören hat gutgetan. Die Eltern konnten nun auch meine Seite sehen. Danach hat sich die Situation in der die Klasse deutlich verbessert. Ohne die Gespräche, die die Eltern zu Hause mit ihren Kindern geführt haben, hätte ich es aber sicher nicht geschafft. Die Eltern waren die größte Hilfe für mich. Langsam haben die meisten Kinder verstanden, um was es ging und ich fühlte mich immer mehr akzeptiert. Dann geschah etwas Tolles: Als mitten im Schuljahr ein Kind aus Ägypten zu uns in die Klasse kam, wurde es sofort freundlich empfangen. Der Klassensprecher sagte: »Wir wissen, dass es sehr schwer ist, neu in unsere Klasse zu kommen.« Da habe ich vor Stolz fast geweint. Am Ende des Schuljahres sind wir gemeinsam ein paar Tage in eine Jugendherberge gefahren. Und es war wunderschön.* «

Im Grundschulalter sind Kinder ihren Lehrern gegenüber meist positiv eingestellt. Oft schwanken sie allerdings zwischen Extremen: Ein Lehrer wird verehrt und geliebt, der andere ist total doof, weil er komisch aussieht oder neu an der Schule ist. Ein

Wechsel der Lehrkraft kann in diesem Alter sehr irritieren und zu negativer Stimmung führen. Helfen Sie Ihrem Kind, mit Lehrern klarzukommen. Machen Sie deutlich, dass auch Lehrer ganz normale Menschen sind. Sie haben Launen und können ungerecht sein, aber sie haben es auch nicht immer leicht. Schüler können es vor allem in der Gemeinschaft ihren Pädagogen ganz schön schwer machen. Wenn Eltern nicht gegensteuern, wirkt sich das negativ auf das Lernklima und den Lernprozess aus.

## Jammern hat manchmal Sinn

Am Ende der Grundschulzeit, meist mit Beginn der Pubertät, setzt oft die »Alle-Erwachsenen-sind-doof«-Einstellung ein. Das führt zu einer verstärkten Kritik an Institutionen und Vorschriften. Schimpfen und Klagen über Lehrer, Hausaufgaben und die Schule als Ganzes gehört bei vielen Mädchen und Jungen dazu. Das kann auch zur Stärkung ihrer jugendlichen Identität dienen, denn dadurch formt sich eine Abgrenzung ihrer Altersgruppe zu der fordernden Erwachsenenwelt. Diese Haltung stärkt das »Wir«-Gefühl, weil Kinder ihre Widerspruchsfähigkeit und ihren Frust nur gemeinsam mit ihren Freunden, die in derselben Situation sind, so richtig ausleben können. Solidarisch jammert es sich leichter und Kinder haben immer ein gemeinsames Thema, das alle verbindet: die Schule. Wenn man diese jungen Menschen fragt, ob sie die Schule wechseln wollen, antworten sie meist ganz bestürzt: »Nein, da sind doch alle meine Freunde!« Als Dauerzustand ist diese Haltung natürlich ein Problem, als Zwischenphase in der Entwicklung durchaus normal. In manchen Familien gibt es eine Art »Jammer-Ritual«: Zuerst dürfen alle Dampf ablassen, Kritik und Ärger müssen raus. Dann geht's entspannt weiter.

## Bei Krisen mit dem Lehrer reden

Nicht alles muss mit dem Pädagogen besprochen werden, Dinge aus Ihrer Familie sind normalerweise Privatsache. Aber wenn wichtige Veränderung bevorstehen, die auch das Kind betreffen, sollte der Lehrer in groben Zügen Bescheid wissen. Ereignisse wie eine Scheidung, ein Todesfall oder ein bevorstehender Umzug kann einen Schüler sehr beeinflussen und sich auf das Verhalten oder die Leistung auswirken. Der Lehrer kann auf das Kind nur eingehen und Rücksicht nehmen, wenn er davon weiß. Und es ist besser, vorher Klartext zu reden als erst später, wenn die negative Veränderung beim Schüler bereits eingetreten ist. Sprechen Sie im Anlassfall alleine mit dem Lehrer, aber informieren Sie auf jeden Fall auch Ihr Kind darüber, dass die Lehrkraft Bescheid weiß. Kluge Pädagogen gehen verschwiegen und achtsam mit privaten Informationen um. Aber Sie können sicherheitshalber noch einmal darum bitten, dass das Gespräch auch ganz bestimmt unter vier Ohren bleibt.

## Ein Leitfaden durch heikle Gespräche in der Schule

Wenn Ihr Schulkind sein Verhalten dauerhaft und auffällig verändert, wenn es plötzlich gar nicht mehr in die Schule gehen will, nur noch über Lehrer klagt oder die Leistungen rapide nachlassen, muss Ihr Kind spüren, dass Sie hinter ihm stehen, aber auch die Meinung der Schule hören wollen.

Dazu braucht es außerordentliche Gesprächstermine in der Schule. Diese können ganz schön knifflig sein. Erwachsene reden über das Kind, seine Leistungen, sein Verhalten in der Schule und zu Hause und alle möchten verstanden werden. Sorge und starke Emotionen bei allen Beteiligten verstellen leicht die Sicht auf konstruktive Lösungen. Damit das Gespräch erfolgreich verläuft, gibt es einige wichtige Dinge zu beachten:

### Verabreden Sie einen Termin und nehmen Sie sich ausreichend Zeit

Das klingt zwar selbstverständlich, ist es aber nicht immer. Überfallen Sie den Lehrer nicht in seinem Privatleben, vor dem Schulhaus und vor anderen Eltern, oder kurz vor Unterrichtsbeginn zwischen Tür und Angel. Vereinbaren Sie schriftlich, telefonisch oder per Email einen Gesprächstermin, der für alle passt. Erklären Sie ganz kurz, worum es Ihnen geht, und sagen Sie klar, was Ihr Ziel ist, zum Beispiel: »Meine Tochter weint oft, wenn sie von der Schule heimkommt. Sie ist traurig und schläft in letzter Zeit schlecht. Und es gab einen schlimmen Vorfall vorige Woche, den ich gerne mit Ihnen besprechen möchte.« Oder: »Ich mache mir Sorgen, weil unser Sohn trotz Üben plötzlich so viele Fehler bei Klassenarbeiten macht. Ich möchte mit Ihnen besprechen, wie ich ihm helfen kann.«

Fragen Sie dann gleich auch, wie viel Zeit zur Verfügung steht. Sonst verliert sich das Gespräch leicht in Details, der Lehrer muss wieder in die Klasse oder Sie müssen die Parkzeit verlängern, noch bevor Lösungsansätze auf dem Tisch liegen.

### Bereiten Sie sich vor

Wenn Sie sich sehr sorgen, reden Sie mit einer Person Ihres Vertrauens. Manchmal hat die Freundin, die Ihre Tochter seit Jahren kennt, auch gute Ideen, was Sie noch fragen oder sagen könnten. Besprechen Sie mit Ihrem Kind genau, wie es sich und seine Situation einschätzt. Machen Sie sich klar, was Sie der Lehrerin mitteilen möchten, schreiben

## Gedanken zentrieren

Wenn Sie von vielen Gedanken oder Gefühlen überschwemmt werden, suchen Sie sich einen Platz am Fenster. Sehen Sie zum Himmel hoch, schauen Sie den Wolken oder Vögeln nach. Strecken Sie sich nach oben und dehnen Sie sich ausgiebig und genussvoll. Lassen Sie die nach oben gerichteten Handflächen dann nach unten und den Oberkörper nach vorn fallen. Atmen Sie dabei laut aus, bevor Sie sich wieder aufrichten und dabei einatmen. Langsam legen Sie nun eine Hand auf die Stirn und eine auf den Hinterkopf, und atmen dabei bewusst weiter. Spüren Sie die beruhigende Wirkung.

Sie das auch auf. Lassen Sie diese Notizen dann über Nacht liegen, überfliegen Sie am Morgen noch mal alles. Beobachten Sie beim Durchlesen auch Ihre eigene Gefühle: Spüren Sie Sorge oder Unsicherheit?

Wenn Sie Unterstützung brauchen oder sich zusätzliche Sichtweisen wünschen, nehmen Sie den anderen Elternteil mit. Auch wenn Sie getrennt leben oder geschieden sind: Mutter und Vater sind und bleiben beide Eltern. Oft führen gerade Mütter kniffelige Gespräche in der Schule alleine und haben dann noch zusätzlich die schwere Aufgabe, den Vater des Kindes darüber zu informieren. Nicht selten führt dann zum Beispiel Papas Frage: »Warum erfahre ich erst jetzt von diesen ganzen Problemen?« zu Elternstreit und dicker Luft. Kinder entwickeln dann leicht Schuldgefühle und es entstehen Missstimmungen oder Streit in der Familie.

### Sagen Sie auch, was Sie gut finden

Ein positiver Einstieg in ein Gespräch lohnt sich immer. Zum Beispiel: »Marie hat das Projekt über die Planeten toll gefunden.« Oder: »Seit Sie Englisch in der Klasse unterrichten, hat Jakob keine Probleme mehr mit den Hausaufgaben.« Je konkreter Sie Anerkennung und positive Ereignisse formulieren, desto besser für den weiteren Gesprächsverlauf. Das erhöht die Bereitschaft beim anderen, sich konstruktiv mit Ihnen zu unterhalten, und bewirkt eine offene Atmosphäre. Kritik, die sehr undifferenziert auf alle Lehrer geworfen wird, geht an den wenigsten Pädagogen spurlos vorüber und macht besonders sensibel für positive

Rückmeldungen. Wir Menschen sind nun mal kreativer und engagierter, wenn wir uns wertgeschätzt fühlen.

### Nehmen Sie das Gespräch in die Hand

Sprechen Sie von dem, was Sie herführt, wie Sie Ihr Kind erleben und was Schule für Ihre Familie bedeutet. Zum Beispiel »Bei uns daheim wird normalerweise viel über die Schule gesprochen. Deshalb beunruhigt es mich, dass Luise in letzter Zeit gar nichts mehr erzählt. Wenn ich nachfrage, zieht sie sich zurück. Sie klagt über die Mathematikstunden und darüber, dass sie die Erklärungen nicht versteht. Ich fürchte, im Moment läuft etwas schief.«

Vermeiden Sie, den Lehrer zu belehren oder ihm die Schuld zuzuschieben, auch wenn Grund dazu besteht. Aber tun Sie Ihre Sicht deutlich kund. Wenn der Pädagoge zum Beispiel Ihr Kind beschämt hat, dann erzählen Sie ihm, was sie gehört haben und wie bedrückend das auf den Schüler wirkt: »Jana hat erzählt, dass sie sich immer meldet. Aber sie sagt, dass sie nie drankommt, und ich fürchte, dass sie bald aufgibt und die Lust am Unterricht verliert.« oder »Kevin hat erzählt, Sie nennen ihn beim Sport immer lahme Schnecke. Dann lachen alle anderen über ihn. Jetzt mag er nicht mehr turnen.«

### Konsequent bleiben, aber nicht kämpfen

Viele Lehrer sind dankbar für die Informationen und haben gar nicht bemerkt, wie es Ihrem Kind geht. Es kann aber auch vorkommen, dass ein Lehrer abstreitet, das Kind übersehen oder bloßgestellt zu haben. Beharren Sie dann nicht weiter auf Ihrer Sicht und gehen Sie nicht in den verbalen Zweikampf. Besser Sie vertrauen darauf, dass Ihre offene, konsequente Darstellung nachwirkt. Nur wenn die Auswirkungen auf das Kind, seine Stimmung und seinen Lernwillen deutlich mitgeteilt werden, kann der Lehrer sich darüber Gedanken machen oder in Zukunft seine Worte vorsichtiger wählen. Wird ihm dagegen gleich Taktlosigkeit oder gar Unfähigkeit vorgeworfen, ist es schwer, das Gespräch produktiv fortzusetzen. Wichtig ist, wie es in Zukunft für Ihr Kind weitergeht.

### Die nächsten Schritte

Ohne klare Vereinbarungen für die nächsten Schritte endet ein Gespräch leicht unproduktiv. Wünschen Sie sich, dass Ihr Kind in Mathematik besonders gefördert wird? Brauchen Sie Tipps zum Üben zu Hause? Oder wollen Sie, dass der Sohn beim Sport einmal zeigen darf, wie gut er klettern kann? Was versuchen Sie zu erreichen? Was wird der Lehrer tun? Wie werden Sie weiter informiert? Was werden Sie mit Ihrem Kind besprechen? Was der Pädagoge? Wann wird das nächste Gespräch stattfinden? Hier lohnt es sich mitzuschreiben, sonst gehen wichtige Inhalte verloren. Überlegen Sie am Ende des Gesprächs, ob Sie jetzt wirklich klarer sehen. Welcher Schritt ist der nächste?

Der Lehrer muss keine umfassenden, sofortigen Patentlösungen bieten, aber er sollte konstruktiv mit Ihnen zusammenarbeiten. Teamarbeit führt schneller zum Ziel.

### Wenn die Lehrkraft nicht kooperiert

Wenn Eltern trotz aller Bemühungen den Eindruck haben, dass beim Pädagogen keine Kooperationsbereitschaft oder zu wenig Verständnis für Ihr Anliegen besteht und das Problem auch nach einem längeren Zeitraum mit den bisherigen Maßnahmen nicht verändert werden kann, ist pädagogische oder psychologische Unterstützung angesagt, um das weitere Vorgehen zu klären oder über einen Klassen- oder Schulwechsel nachzudenken.

Wenn Ihr Kind dauerhaft unglücklich wirkt, nicht in die Schule gehen mag oder die Kommunikationsprobleme mit Lehrern eskalieren, sind Fachleute oder die nächste Stufe in der Schulhierarchie, z.B. der Rektor oder der zuständige Beamte im Schulamt, gefragt. Auch der schulpsychologische Dienst, die Einschaltung eines Beratungslehrers (falls an der Schule vorhandenen), eine individuelle Betreuung des Kindes in oder außerhalb der Schule oder spezielle Erziehungsberatungsstellen bringen oft Erleichterung und neue Ideen. Das Ziel ist immer das Wohl des Kindes. Wenn sich Fronten zwischen Erwachsenen – egal ob in der Familie oder in der Schule – verhärten, ist der Leidtragende immer das Kind.

# Schlechtes Benehmen in der Schule

In jeder Klasse gibt es Kinder, die sich daneben benehmen. Wie können wir unseren Kindern helfen, damit umzugehen? Was tun, wenn unser Kind der Störenfried ist?

Vielleicht beruhigt es Sie zu hören, dass – entgegen anders lautenden Klagen – die Jugend nicht wirklich immer schlechter und schlimmer wird. Schon Sokrates beschwerte sich: »Die jungen Menschen haben schlechte Manieren, verachten die Autorität, haben keinen Respekt mehr und stören dort, wo sie arbeiten sollten.« (frei nach Platon) Es gab Störenfriede also schon in der Antike und vermutlich gab es auch damals schon ähnliche Gründe für auffälliges Verhalten wie heute.

## Warum stört ein Störenfried?

Meist braucht ein Störenfried Aufmerksamkeit und hat gelernt, dass er sie nur durch auffälliges Verhalten erhält. Und diese Methode funktioniert eigentlich auch immer recht gut. Der Tadel des Lehrers, das Lachen der Mitschüler und die Missbilligung der Eltern sind zwar unangenehm, aber immer noch besser als das Gefühl, zu wenig oder gar nicht beachtet zu werden.

Manche chronischen Störer sind im Unterricht unterfordert und langweilen sich. Andere Störenfriede sind unter den Lernschwachen zu finden. Diese möchten durch ihr Verhalten von ihren schlechten Leistungen ablenken.

Aber Klassenclowns und Störenfriede werden nicht als solche geboren. Sie fangen irgendwann an, diese Rolle zu spielen und werden sie nur schwer wieder los. Denn mit dem Etikett »Störenfried« oder »Klassenkasper« hat das Kind fast keine Möglichkeit mehr, sich anders zu verhalten. Jeder erwartet von ihm Störung. Durch solche Zuschreibungen beginnt oft eine verpatze Schul- und Lebenskarriere. Im schlimmsten Fall werden solche Schüler auf eine Schulform mit niedrigen Leistungsanforderungen abgeschoben, obwohl sie eigentlich aufgeweckt und klug sind. Oft sind die sogenannten »Störenfriede« auch gerade jene Kinder, die aufzeigen, dass etwas mit der Klassengemeinschaft nicht stimmt. Da heißt es rechtzeitig gegensteuern.

Christine, 34, Mutter von Nico

## Immer ist Nico schuld

» *Nico geht in die 1. Klasse. Die Lehrerin erzählte mir, dass er gleich von Anfang an aufgefallen ist: Er bleibt während der Stunde nicht auf seinem Platz sitzen, geht herum, wirft seinen Apfel durch die Klasse. Manchmal singt er auch während des Unterrichts oder sticht mit seinem Bleistift so lange auf ein Blatt ein, bis nur noch Papierfetzen übrig sind.*

*Als ich das hörte, war ich verzweifelt. Aber weder Hausarrest noch Liebesentzug noch ständiges Ermahnen brachten eine Verbesserung. Inzwischen werde ich von den anderen Eltern vor dem Schultor schief angesehen. Nicos Vater gibt mir die Schuld an seinem Verhalten. Dabei wohnt er in einer anderen Stadt und sieht ihn fast nie.*

*Gestern, kurz vor Unterrichtsbeginn ist in der Klasse ein Tumult entstanden. Die Lehrerin ist zu der balgenden Kindergruppe*

*gelaufen und hat laut gerufen: »Nico, hör sofort auf!« Als die Kinder sich beruhigt hatten und alle wieder auf ihren Plätzen saßen, ist allen aufgefallen: Nico fehlt ja heute.*

*Jetzt frage ich mich: Ist Nico wirklich so schlimm oder wird ihm auch alles Mögliche angedichtet?* ◄

Kinder, die permanent den Unterricht stören, haben häufig selbst Probleme, auch wenn sie nicht darüber reden können. Oft ist Stress mit anderen Kindern oder eine Veränderung der Lebenssituation zu Hause der Grund: Ein kleines Geschwisterchen wurde geboren und das bekommt zu Hause alle Aufmerksamkeit, ein Elternteil ist erkrankt oder die Eltern trennen sich. Zu Hause ist das Kind oft lammfromm, dafür in der Schule nicht auszuhalten. Manche Kinder erfahren auch zu Hause zu wenige Grenzen und haben deshalb noch nicht gelernt, sich an Regeln zu halten. Das fällt dann erstmals in der Schule auf.

### Manche haben es wirklich schwer
Manche Kinder mussten in ihrem kurzen Leben schon schlimme Erlebnisse machen, die sie alleine nicht verarbeiten können. Sie rufen durch ihr auffälliges Benehmen verschlüsselt nach Hilfe. Die kleinen Rabauken brauchen guten Willen von allen Seiten und verständnisvolle, aber konsequente Eltern und Lehrer.

Möglicherweise leidet das Kind auch an Hyperaktivität (ADS/ADHS (Seite 111)). Dann braucht es professionelle Hilfe, denn seine Möglichkeiten zur Veränderung sind aufgrund dieser Störung begrenzt. In solchen extremen Fällen gibt nur ein psychologischer oder fachärztlicher Test Hinweise auf die tieferen Ursachen. Dann ist eine gezielte Hilfestellung möglich.

## Erste Hilfe für alle Kinder

Gespräche zwischen allen Beteiligten sind die Grundlage für eine Zusammenarbeit im Sinne aller Kinder. Niemandem nützt es, wenn ein Störenfried schnell »abgeschoben« werden soll, auch nicht den anderen Schülern. Denn die anderen lernen daraus vor allem: Wer stört, kommt weg. Und ehrlich: Gibt es im Leben nicht immer wieder Menschen, die uns ablenken oder stören oder manchmal das Leben erschweren? Müssen nicht auch Kinder lernen, mit solchen »besonderen« Persönlichkeiten zu leben und umzugehen? Wenn Ihr Kind unter einem »Störenfried« leidet, ist es vor allem wichtig, dass es lernt, sich vor seinen Ablenkungen zu schützen. Wenn die anderen Kinder es schaffen, sich aus dem neugierigen Zuschauen rauszuhalten, dann bekommt der Störenfried nicht mehr die Bühne, die er sucht.

Dem Störenfried selbst hilft vor allem eine vorwurfsfreie Gesprächsatmosphäre mit einer Person, der er vertraut. Dann öffnet sich oft schnell die Tür zu seinen Problemen. In manchen Schulen gibt es dafür auch speziell ausgebildete Lehrer. Kinder sind dankbar für einen Einzelkontakt und ein ehrliches Beziehungsangebot. Wenn das Kind spürt, dass es prinzipiell wichtig ist und dass alle den echten Willen haben, ihm zu helfen, dann ist der erste Schritt in die richtige Richtung getan. Denn gute Beziehungen sind die Grundlage für emotionale Sicherheit. Und sichere Kinder müssen nicht stören um gesehen zu werden.

## Kleine Schritte beachten

Über einer kalifonischen Klinik für verhaltensauffällige Kinder hängt der Slogan »catch them being good«. Das heißt ungefähr so viel wie »Nutze jede Gelegenheit, ein Kind beim richtigen Verhalten zu ertappen.« Wenn das Kind sich Mühe gibt, sein Verhalten zu verändern, müssen wir ihm vertrauen und besonders am Anfang die kleinen Schritte beachten. Ein zu starker Blick auf die Defizite verhindert weitere Anstrengungen. Vermeiden Sie auch auf jeden Fall: »Na ja, das klappt ja ganz gut, aber …« Jedes »Aber« demotiviert das Kind.

## Auf das Positive schauen

Wer lieber lobt als tadelt, wird eher die guten Seiten sehen und kann auch öfter ermutigen. Im stressigen Alltag allerdings fallen uns leider die Missetaten meist schneller auf. Viele Menschen müssen tatsächlich umdenken, um das Positive in den Vordergrund zu rücken. Aber diese Mühe lohnt sich, denn durch Lob und Anerkennung zeigen wir immer den Weg in die richtige Richtung. Keine Sorge, Loben kann auch ganz schnell gehen, zum Beispiel durch ein Lächeln, ein anerkennendes Nicken oder ein leichtes Schulterklopfen. Das erhöht die Wahrscheinlichkeit, dass das Kind sich weiter bemüht, enorm. Der kleine Störenfried lernt so, wie man sich besser verhält, und bekommt dafür die ersehnte Aufmerksamkeit. Das macht ohne Belehrung und Tadel die Regeln deutlich, die im Zusammensein mit anderen Menschen wichtig sind.

>> »Behandle die Menschen so, als wären sie, was sie sein sollten, und du hilfst ihnen zu werden, was sie sein können.«
– Johann Wolfgang von Goethe (1749–1832)
»Es ist die Beziehung, die heilt.«
– Rudolf Ekstein (1912–2005)

# »Ihr Kind benimmt sich total daneben!«

Manchmal werden Eltern von Lehrern in die Schule gebeten. Oder sie hören am Elternsprechtag, dass ihr Kind anderen Schülern Sachen kaputt macht, oder sie erfahren, dass es seit Wochen nicht mitarbeitet und seine Hefte im Papierkorb gefunden wurden. Möglichweise hat das Kind zu Hause so getan, als wäre alles in Ordnung. Eltern sind immer entsetzt, wenn ihr Kind sich schlecht benimmt oder gar gelogen hat. Natürlich fällt es in so einem Fall schwer, sachlich und ruhig zu bleiben, vor allem wenn der Lehrer sehr aufgebracht ist. Fragen Sie trotzdem so lange nach, bis Sie wirklich verstehen, was aus der Sicht des Lehrers passiert ist. Beschreibungen wie: »Till ist immer so aggressiv« oder »Lena macht nie ihre Aufgaben« oder »Joshua zerstört ständig die Dinge der anderen Kinder« sind zu ungenau. Um mit Ihrem Kind zu reden, brauchen Sie detaillierte Informationen, sonst bewirkt ein Gespräch gar nichts.

**Folgende Fragen können Sie dem Lehrer stellen:**

- Was hat mein Kind konkret getan?
- Was ist genau passiert?
- Seit wann besteht das Problem?
- Wie reagieren die Mitschüler?
- Wie verhält sich mein Kind, wenn es das negative Verhalten nicht zeigt?
- Was soll mein Kind an seinem Verhalten ändern und anders machen?
- Was wünschen Sie sich als Lehrer von uns Eltern?
- Was haben Sie als Lehrer bisher versucht, um das Problem zu lösen?
- Gibt es auch Positives über mein Kind zu berichten?
- Wann zeigt sich das?
- Angenommen, Sie wären in meiner Lage, was würden Sie an meiner Stelle tun?
- Welche Art von Zusammenarbeit zwischen Schule und Eltern haben Sie sich überlegt?

Mit solchen Fragen bringen Sie den Lehrer dazu, nicht nur seine Beschwerden abzuladen, sondern sich in Gedanken detailliert mit dem Problem auseinanderzusetzen. Hören Sie ihm aufmerksam zu, fallen Sie ihm nicht gleich ins Wort, wenn Sie anderer Meinung sind. Vergewissern Sie sich, ob Sie ihn richtig verstanden haben. Bleiben Sie sachlich, höflich und bei den Fakten. Druck und Vorwürfe erzeugen in der Regel nur Gegendruck und Gegenvorwürfe, bei Lehrern, Kindern und auch bei Eltern. Damit ist niemandem gedient, am wenigsten Ihrem Kind, das offenbar derzeit Probleme hat.

## Allen Seiten zuhören

Ergreifen Sie nicht prinzipiell die Partei Ihres Kindes. Schlagen Sie sich aber auch auf keinen Fall kritiklos und entsetzt auf die Seite des Lehrers, wenn Sie Negatives oder Unerwartetes erfahren. Die Sicht Ihres Kindes ist mindestens genauso wichtig. Nur wenn alle Meinungen auf dem Tisch liegen, lassen sich tragfähige Lösungen erarbeiten. Beenden Sie das Gespräch mit dem Lehrer höflich: »Danke für die Information, ich werde erst einmal mit meinem Kind sprechen.«

Stellen Sie Ihrem Kind dann sachliche Fragen und achten Sie dabei auf Ihre innere Ruhe. So könnte Till, der als aggressiv beschrieben wird, in Wahrheit das eigentliche Opfer sein und aus Verzweiflung Körpergewalt einsetzen. Lenas Aufgabenhefte, die im Papierkorb landen, drücken vielleicht die Verzweiflung über Misserfolge oder die Angst vor Strafen aus. Und Joshua hat die Buntstifte der Sitznachbarin vielleicht zerbrochen, weil diese sich vorher über ihn lustig gemacht hat.

## Eltern sind Vermittler

Auch unterschiedliche Auffassungen von Normalität führen oft zu Problemen in der Schule. Wenn es in einer Familie eher locker zugeht und Ordnung zugunsten anderer Dinge nicht so wichtig genommen wird, kann es sein, dass das Kind zornig reagiert, wenn es in der Schule immer seinen Tisch aufräumen muss. Oder ein Schüler bringt zu Hause mit seinen Albernheiten alle zum Lachen. In der Schule hingegen wird er schnell zum Klassenkasper, obwohl er sich nicht anders verhält als in der Familie. Kinder leben unbewusst oft in mehreren Welten. Und was zu Hause erlaubt oder sogar erwünscht ist, kann in der anderen Lebenswelt, der Schule, unerwünscht oder sogar verboten sein. Nur wir Eltern können beim Erklären und Vermitteln helfen. Es braucht Zeit und viele Worte, damit Kinder lernen, ihr Verhalten der jeweiligen Umgebung anzupassen. Bei uns Erwachsenen ist es auch nicht anders: Wir verhalten uns im Gespräch mit der Chefin auch anderes als beim Partner oder im Sportverein.

## Das Kind mit einbeziehen

Jedes Kind hat eigene Gefühle und individuelle Sichtweisen. Deshalb ist es in vielen Fällen wichtig, es zum Gespräch mit dem Lehrer mitzunehmen. Beim ersten Termin können Eltern sich erstmal ein Bild von der Lage machen. Wenn es aber um konkrete Lösungen geht, ist es gut, wenn nicht über den Kopf des Kindes bestimmt wird. Erwachsene brauchen immer die Mitarbeit des Kindes, sonst gehen Vereinbarungen leicht an der

Hauptperson vorbei. Der Schüler darf dabei aber nicht in die Sündenbockrolle gedrängt oder wie ein Angeklagter ausgefragt werden. Eine gute Möglichkeit das zu vermeiden ist, das Kind bei dem Gespräch zwar dabei sein zu lassen, ihm aber den Zeitpunkt frei zu stellen, wann es dazu etwas sagen möchte. Denn auf direkte Fragen wie »Was ist dir da bloß eingefallen?« oder »Erkläre jetzt sofort, warum du das getan hast!« reagieren Kinder emotional blockiert und abweisend. Beim Zuhören hingegen bekommen sie einen guten Eindruck, was da läuft, und erleben auch die Ernsthaftigkeit des Gesprächs. Vergessen Sie nicht: Nur mit der Hauptperson Kind und seiner Mitarbeit können Veränderungen umgesetzt werden.

Wenn am Ende eine gemeinsame Vereinbarung entsteht, mit der Schüler, Lehrer und Eltern einverstanden sind, ist der erste Schritt in Richtung Verbesserung meist getan. Ein ernstes Händeschütteln besiegelt die Vereinbarung. Dadurch entsteht ein Gefühl von gemeinsamer Verantwortung.

## Kindliche Zivilcourage braucht Rückendeckung

Kinder werden üblicherweise gelobt, wenn sie sich normen- und leistungskonform verhalten. Das Leben besteht aber nicht nur aus Zensuren und der Erfüllung von Aufgaben und Regeln. Manchmal gibt es gute Gründe dafür, sich aufzulehnen: Wenn Ihr Kind ein anderes verteidigt, wenn es einem ungerechten Lehrer widerspricht oder wenn es den Mut hat, den Klassentyrannen eindringlich in seine Schranken zu weisen, dann braucht es dringend Ihre Rückendeckung. Denn im ersten Moment sehen Lehrer oft nur die Handlung selbst und nicht ihre Hintergründe. Kinder brauchen Ermutigung,

## Eine Mitmach-Geschichte zum Nachdenken

Wenn Ihr Kind anderen Schaden zugefügt hat, kann diese Geschichte helfen, darüber zu sprechen:
Ein Indianerhäuptling erzählt seinem Sohn folgende Geschichte: »Mein Sohn, in jedem Menschen, auch in dir, tobt ein Kampf zwischen zwei Wölfen. Der eine Wolf ist wütend, tut anderen weh, ist böse und macht anderen Dinge kaputt oder … (setzen Sie das ein, was das Kind angestellt hat). Manchmal ist dieser Wolf sehr stark. Der andere Wolf in dir ist freundlich, hilfsbereit und … (setzen Sie etwas ein, was das Kind gut macht). Der Indianerjunge fragt nun seinen Vater: »Und welcher der beiden Wölfe gewinnt den Kampf in mir?« (Fragen Sie das Ihr Kind auch und diskutieren Sie mit ihm darüber.) Die Antwort des Häuptlings ist: »Der, den du fütterst, gewinnt!«

Die Geschichte lässt sich im Gespräch weiterführen: »Was denkst du, wie könnten wir den guten Wolf in dir füttern? Wie kann ich kann dir dabei helfen, den guten Wolf in dir zu kräftigen? Jeder von uns hat Einfluss auf die Wölfe in sich.«

Wenn Sie möchten, können Sie diese Metapher auch in den Alltag übernehmen: Wenn Ihr Kind von der Schule heimkommt, können Sie es fragen: »Wem geht es heute besser, dem guten oder dem bösen Wolf? Wer war heute stärker?« Das Kind fühlt sich nicht bloßgestellt und nur Sie beide wissen, was gemeint ist.

wenn sie sich trauen, gegen den Strom zu schwimmen oder gegen eine Mehrheit die eigene Meinung zu vertreten.

Wenn Ihr Kind durch seinen Mut oder Gerechtigkeitssinn in Schwierigkeiten kommt, lassen Sie sich interessiert seine Sicht erklären. Halten Sie zu ihm und halten Sie es aus, wenn sich Ihr Kind dadurch nicht überall beliebt macht. So lernt es, dass nicht nur messbare Leistung und super Benehmen im Leben zählen. Mut braucht Zivilcourage. Und die Welt braucht mutige Menschen!

## Wenn das eigene Kind andere drangsaliert oder mobbt

Wenn Eltern erfahren, dass ihr Kind nicht nur stört, sondern anderen bewusst Schaden zufügt, ist das immer ein Schock. Oft folgen Strafen oder Verbote. Aber Achtung: Bloße Bestrafung führt aus Rachegefühlen oft zu weiteren schlimmen Handlungen, nur meist in versteckter Form. Natürlich muss das Kind die Schwere seiner Taten begreifen. Das geht jedoch leichter, wenn es selbst auch in ruhiger Atmosphäre zu Wort kommen kann. Niemand kommt als Mobber zur Welt. Zeigen Sie Ihrem Kind nicht Ihren Zorn, sondern Ihre tiefe Betroffenheit. Lassen Sie es seine Sicht erklären, aber legen Sie dann unmissverständlich klar, was falsch ist und wo ein Stopp angesagt ist, ganz gleich, was vorher passiert ist. Regen Sie vor allem eine Widergutmachung an. Für schwere Taten oder körperliche Verletzungen oder Beschimpfungen eines anderen Schülers sind verbale Entschuldigungen zu wenig. Das Kind soll überlegen, welche Art der Widergutmachung es sich vorstellen kann. Das fördert das Unrechtsbewusstsein.

## Außenseiter und Mobbing-Opfer

Kinder sind in ihren Ausdrücken nicht zimperlich. Sätze wie »Ich will nicht mehr mit dir lernen!« oder »Geh jetzt weg, du bist doof!« kommen unter Kindern häufig vor und tragen dazu bei, Abweisungen aushalten zu lernen. Nicht jedes versteckte Heft ist gleich Mobbing, auch wenn der Begriff heute rasch verwendet wird. Bei kurzfristigen, heftigen Konflikten, einzelnen Vorfällen und punktuellen Streitigkeiten handelt es

sich nicht um Mobbing, sie dürfen aber auch nicht übersehen werden.

Doch wenn ein Junge oder ein Mädchen sich wiederholt ausgegrenzt, körperlich attackiert oder lächerlich gemacht fühlt, ist Eingreifen gefragt. Auch wenn Kinder wegen ihres Geschlechts, ihrer Herkunft, ihres Aussehens oder ihrer Leistungen dauerhaft ausgeschlossen werden, brauchen sie Hilfe. Manche sind gekränkt und ziehen sich beschämt zurück. Andere reagieren jähzornig. Beides sind Alarmsignale und deuten auf Mobbing hin. Achtung bei abwertenden oder zynischen Äußerungen von Lehrern, beispielsweise »Schon wieder die schlechteste Arbeit, na prima!« Auch ein genervtes Stöhnen bei Fragen zum Unterricht verunsichert Schüler sehr und darf auf Dauer nicht hingenommen werden.

### Dazugehören ist wichtig

Wer in der Schule ausgegrenzt oder schlecht behandelt wird, kann keine gute Leistung bringen. Denn zum optimalen Lernen gehört das Gefühl, sich in der Gemeinschaft wohl zu fühlen und anerkannter Teil der Klasse zu sein. Dennoch gibt es immer wieder Kinder, die sich als Außenseiter fühlen, gehänselt werden, psychisch oder physisch gequält werden.

Manche Kinder haben auch wenig Übung, um sich angemessen durchzusetzen. Sie reagieren gekränkt und weinerlich auf jede Konfrontation und ziehen sich rasch zurück, anstatt sich zu wehren. Die Grenze zwischen Mobbing, zu wenig Durchsetzungsvermögen oder kindlichem Ärger ist fließend und auf den ersten Blick für Erwachsene gar nicht leicht zu erkennen. Es lohnt sich immer, genau hinzusehen.

Carola, 46, Mama von Timo

## Er kann sich einfach nicht wehren

›› *Mein Sohn Timo ist zwölf Jahre alt. Er hat gute Noten und ist an vielem interessiert. Seine Sachen hält er alleine tipptopp in Ordnung. Aber geht er nicht mehr gern zur Schule und hat jeden Montagmorgen Bauchschmerzen. Kürzlich habe ich gesehen, wie er in der Pause allein rumstand, weil ihn keiner zum Mitmachen aufforderte. Als er selbst fragte, ob er mitmachen darf, wurde er ausgelacht und weggedrängt. Dann klingelte es und alle stellten sich in Zweierreihen auf. Nur Timo fand keinen Partner und ging dann mit gesenktem Kopf alleine neben der Lehrerin her. Als Einziger wird er nie zu Festen eingeladen und fast niemand aus der Klasse redet mit ihm. Auf Facebook haben ihn alle Klassenkameraden geblockt, weil ein anderer, sehr beliebter Junge das so wollte. So erfährt Timo gar nicht mehr, was außerhalb der Schule läuft. Timo wird zwar nicht direkt attackiert, aber er fühlt sich ausgeschlossen. Und er schafft es nicht, sich alleine aus seiner Außenseiterrolle zu befreien. Wie kann ich ihm nur helfen?*

Miriam, 35, Mama von Anne

## Kinder können so gemein sein

›› *Meine siebenjährige Tochter Anne kam neulich aus der Schule, schleuderte ihren Turnbeutel in die Ecke und schrie: »Ich hasse die dumme Kuh!« Sie vergrub sich im Bett und weinte hemmungslos. Ihre Sitznachbarin Klara hatte ihren Turnbeutel versteckt. Als Anne ihn dann wiedergefunden hatte, war die Turnhose nass und Klara hatte überall herumerzählt, dass Anne in die Hose gemacht hat. Aus Rache hat Anne dann Klaras Winterstiefel in der Garderobe versteckt und Klara musste trotz Kälte in den dünnen Sportschuhen nach Hause gehen. Am Nachmittag bekam Anne Besuch von ihren Freundinnen Melanie und Julia. Ich habe mitbekommen, wie sie ihnen aufgeregt erzählt hat, wie sie sich an Klara gerächt hat. Alle drei Mädchen waren sehr schadenfroh und kicherten den ganzen Nachmittag. Was soll ich tun?* ‹›

Was hier in beiden Fällen passiert ist, ist nicht in Ordnung und muss besprochen werden. Aber Anne weiß sich immerhin zu wehren und hat gute Freundinnen. Sie wird die Kränkung leichter wegstecken als Timo, der wahrscheinlich Hilfe von Eltern und Lehrern benötigt – um aus seinem emotionalen Tief und seiner einsamen Außenseiterrolle herauszukommen.

### Immun durch gute Freundschaften

Ein wirksamer Schutz gegen Mobbing sind gute Freunde in Schule und Freizeit. Ein Kind, das im Unterricht keinen Sitznachbarn hat, in der Pause isoliert am Rand steht und auch in der Freizeit keinen Freund zum Spielen hat, ist anfälliger für Hänseleien oder Ausgrenzungen. Kinder, die oft alleine sind, werden eher als Opfer ausgewählt als

Kinder mit einem großen Freundeskreis. In der Gruppe Gleichaltriger hat ein Kind einen guten Rückhalt, fühlt sich geschützt und stark.

## Quälen über digitale Medien

Über soziale Netzwerke im virtuellen Raum kann besonders subtil und verletzend ausgegrenzt oder gemobbt werden. Darunter leiden meist älteren Schüler. Die Täter sind besonders schwer auszumachen und erreichen ein großes Publikum. Der moderne Begriff »Cyber-Mobbing« bezeichnet verschiedene Formen von Diffamieren, Belästigen oder Bedrängen mit Hilfe elektronischer Kommunikationsmittel. Im Internet, mittels Handys oder in sozialen Netzwerken kann leicht und anonym gemobbt werden.

Hier ist Vorbeugen wichtig: Erklären Sie Ihrem Kind die Gefahren. Informieren Sie sich selbst bei Fachleuten. Auch viele Lehrer sind hier oft überfragt und kennen sich nicht so gut aus wie ihre Schüler.

### Stopp auch für Eltern: Das Internet vergisst nie!

Viele Eltern stellen von Geburt an witzige oder süße Postings von ihren Kindern ins Netz. Diese digitalen Tagebücher und Fotoalben sind für viele Menschen einsehbar und das ist ja auch ihr Sinn. Aber auch wenn die Privatsphäre noch so genau eingestellt wird oder wenn Fotos und Filme wieder gelöscht werden: Niemand kann sicher sein, das sie nicht schon in falschen Händen gelandet und ausgedruckt worden sind. Schüler werden heute oft wegen peinlicher Babyfotos auf Facebook gehänselt oder wegen der gefilmten Panne am ersten Schultag ausge-

lacht. Fotos, die Eltern süß oder lustig finden und im Internet verewigen, machen Kinder manchmal zur Lachnummer in der Klasse.

## Die 6-Punkte-Strategie bei Mobbing

Was tun, wenn gemobbt wird? So können Sie Ihrem Kind helfen:

**1. Dokumentieren:** Das so genannte »Mobbing-Tagebuch« ist eine gute Möglichkeit, Details zu sammeln und mit dem Kind zu reden: Welche Vorfälle gibt es? Wer, wann, wo, was ist passiert? Gibt es Zeugen? Sichern Sie gemeinsam Beweise.

**2. Suche nach Motiven:** Wer leicht verwundbar scheint, bietet mehr Angriffsfläche. Wieso konnte es dazu kommen? Wo sind die persönlichen Angriffsflächen? Ist das Kind sehr langsam? Ist es unselbständig? Gibt es Gründe, die verändert werden können? Achten Sie darauf, dass Sie auf der Suche nach Motiven Ihrem Kind nicht vermitteln, dass es selbst schuld daran ist, dass es gemobbt wird.

**3. Informieren:** Sprechen Sie über Vorfälle in der Schule unbedingt auch mit dem Lehrer. Fragen Sie nach seiner weiteren Vorgehensweise. Möglichweise spricht er mit den Kindern oder lädt die Eltern des »Mobbers« vor. Auf jeden Fall muss die Schule handeln und darf Mobbingvorfälle nicht ignorieren.

**4. Überlegen:** Planen Sie gemeinsam mit Ihrem Kind Strategien, wie es sich bei Schikanen zur Wehr setzen kann: Wen verständigst du im Anlassfall? Wie kannst du cooler auftreten? Zu welchem Erwachsenen in der Schule hast du Vertrauen? Wie kannst du kontern? Auf wen kannst du dich verlassen?

## Typisch für Mobbing-Opfer

Befürchten Sie, dass Ihr Kind in der Schule gemobbt wird? Die folgenden Punkte könnten einen Hinweis darauf geben.

- Geht Ihr Kind nicht gerne alleine in die Schule?
- Trifft es keine Schulkameraden und lädt es niemanden ein?
- Kommt es zu spät, um Begegnungen vor dem Unterricht zu vermeiden?
- Will oder kann Ihr Kind verändertes Verhalten nicht erklären?
- Zieht es sich zurück, schließt es sich ein?
- Will es die Schule schwänzen?

- Erfindet es Ausreden, um nicht an schulischen Aktivitäten teilnehmen zu müssen?
- Klagt es häufig über Schmerzen?
- Wird Ihr Kind am Sonntagabend plötzlich unglücklich?
- Hat es Schlafstörungen oder Albträume?
- Zeigt es einen massiven Leistungsabfall?
- Spricht Ihr Kind leise und unsicher?
- Kann es sich nicht mehr richtig freuen?
- Zieht es sich vermehrt in Parallelwelten, z.B. virtuelle Spiele, zurück?

**5. Ausgleich schaffen:** Soziale und emotionale Attacken gegen ein Kind verursachen starke psychische und körperliche Spannungen. Freizeitaktivitäten, Sport oder Hobbys können diese ausgleichen. Auch Freundschaften außerhalb der Schule können verstärkt aktiviert werden.

**6. Was Sie vermeiden sollten:**
- Die Eltern der »Mobber« zu verständigen: Das ist in den meisten Fällen wenig hilfreich, da sie oft die Sicht ihrer Kinder übernehmen. Und ein Streit zwischen den Eltern verschärft nur die Problematik.
- Selbst in Panik verfallen: Wenn Mama und Papa selbst in lähmendes Entsetzen verfallen, verunsichert das das Kind noch mehr.

**»** Das Motto bei Mobbing heißt: Stärke statt Gewalt – Ruhe bewahren, gemeinsam überlegen und handeln.

# Mobbern keine Chance geben

Bei jeder Art von Psychoterror ist es wichtig, den Prozess der Demütigung so schnell wie möglich zu unterbrechen, Gegenstrategien zu überlegen und das Kind zu stärken. Mobbing vergeht selten von allein. Im Gegenteil, die Situationen der betroffenen Kinder wird eher schlimmer, wenn nichts geschieht oder sie aus Scham schweigen.

## Das Selbstvertrauen stärken

Kinder, die sich wertvoll fühlen und sich selbst etwas zutrauen, werden selten gemobbt. Emotional verunsicherte Kinder müssen verstärkt mit ihren Stärken und Ressourcen in Kontakt kommen.

Wenn auf längere Zeit gar nichts hilft und das Kind in einer extremen Außenseiterposition zementiert bleibt, hilft oft nur noch ein Schulwechsel in Verbindung mit einer Psychotherapie.

# Soforttipps bei Kränkungen

Wenn Kinder gekränkt werden, leiden wir Eltern oft mit. Wir würden ihnen so gerne helfen, aber wie? Folgende Tipps helfen Ihnen dabei, Ihr Kind zu trösten und zu stärken.

Wenn Ihr Kind weinend oder traurig von der Schule heimkommt, ermuntern Sie es, zu erzählen, was los ist. Wer hat es gekränkt? Warum ist es gekränkt? Dann können Sie mit ihm eine der folgenden Übungen machen. Sicherlich geht es Ihrem Kind danach gleich viel besser.

## Fest wie ein Stein

Sagen Sie zu Ihrem Kind: »Stell dir vor, du bist ein Stein und ein Fluss sind die Kränkungen. Die Kränkungen fließen nun am Stein vorbei. Der Stein bleibt liegen und verändert sich nicht. Komm, suchen wir draußen einen Stein, der dich immer daran erinnert, dass dir böse Worte nichts anhaben können. Wenn du magst, legen wir ihn ins Wasser oder unter die Dusche. Schau, wie fest und unverändert er bleibt, auch wenn viel Wasser an ihm vorbeifließt. Nimm den Stein mit, steck ihn in die Tasche. Wenn du Kraft und Mut brauchst, nimm ihn in die Hand. Dann erinnert er dich daran, dass du so fest bist wie der Stein.« Wenn die Kränkung nicht mehr wehtut, kann der Stein auch bunt bemalt oder verziert werden.

## Den Zorn zerreißen

Wenn Ihr Kind tief gekränkt von der Schule nach Hause kommt, darf es erst mal Dampf ablassen – auch wenn dazu ein Gefühlsausbruch nötig ist. Es darf schimpfen, schreien oder weinen. Schreiben Sie dann auf ein Blatt Papier den Anlass, zum Beispiel: »Felix hat meinen Schulranzen versteckt und mich beschimpft!« Ihr Kind entscheidet, was mit dem Blatt passieren soll: in kleine Stücke zerreißen, darauf herumspringen, im Garten verbrennen …, je außergewöhnlicher und lustiger, desto besser.

Wenn Ihr Kind nicht reden möchte, darf es, ohne dass Sie es lesen können, den Anlass aufschreiben und genauso lustvoll entsorgen.

## Die Kränkung zerplatzen

Ist Ihr Kind gekränkt, können Sie sagen: »Wenn dich jemand kränkt oder zu dir schlimme Dinge sagt, kannst du das einfach zerdrücken. Das geht so: Nimm eine Plastiktüte (oder eine Papiertüte oder einen Luftballon), die du verschießen kannst. Nun puste mit

aller Wucht deine schlimmen Gefühle hinein, sodass die Tüte groß und dick wird. Jetzt schlag ganz fest drauf! Du wirst sehen: Mit einem lauten Knall zerplatzen der Zorn und die Kränkung. Richte dich nun ganz hoch auf, streck die Arme nach oben und stell dir vor, wie helles, klares Licht und ein gutes, ruhiges Gefühl in dich hineinfließen.«

## So tun als ob

»Als ob«-Spiele zählen für viele Kinder zu den Lieblingsbeschäftigungen. Sie tun so, als ob sie die Lehrerin wären, sie probieren Mamas Schuhe an und tun so, als ob sie eine feine Dame wären, sie tun so, als ob sie der berühmte Sänger wären … Damit üben sie verschiedene Rollen und nehmen immer ein bisschen etwas davon in sich auf. Positive Vorstellungen stärken das Selbstvertrauen eines Menschen.

Folgende Übung hilft Ihrem Kind, sich selbstbewusster zu fühlen: »Stell dich mal so hin, als ob du ein richtiger Superheld wärst (oder Batman oder Harry Potter oder wen immer Ihr Kind bewundert). Dein Rücken ist locker und aufrecht, Kopf hoch, Knie leicht gebeugt und ein kleines Lächeln auf den Lippen … ja, genau so. Und jetzt behalte diese Haltung bei und geh bewusst ein paar Minuten so durch die Wohnung. Übe das, so oft wie möglich. Wenn du in die Klasse kommst, konzentrierst du dich nur darauf: Kopf hoch, leicht lächeln und Brust heraus! Schau die anderen dabei gar nicht an, denk bewusst nur an deine Haltung!« Eine aufrechte, selbstsichere Haltung signalisiert Selbstvertrauen, das auch innerlich aufbaut, auf die Mitschüler ausstrahlt und dabei hilft, nicht zum Opfer zu werden. »Raus aus der Opferrolle« heißt die Devise. Wenn das Kind sich nicht mehr wie ein Opfer verhält, ist der erste Schritt aus der Krise meist getan.

# Service

## Bücher zum Weiterlesen

Bauer, J.: **Lob der Schule**. Sieben Perspektiven für Schüler, Lehrer, Eltern. Hoffmann und Kampe, Hamburg 2007.

Gemken, R.: **Schule ist schön.** Kreuz, Freiburg 2009.

Gardner, H., Spengler, U.: **Intelligenzen: Die Vielfalt des menschlichen Geistes**. Klett-Cotta, Stuttgart 2008.

Hüther, G., Hauser. U.: **Jedes Kind ist hochbegabt.** Die angeborenen Talente unserer Kinder und was wir aus ihnen machen. btb, München 2013.

Lehmann, I.: Motivation. **Wie Eltern ihr Kind unterstützen können.** dtv, München 2008.

Saval, I: **Starke Kinder.** Gezielt und fantasievoll: Methoden für selbstbewusste und ausgeglichene Kinder. TRIAS, Stuttgart 2014.

Spitzer, M.: **Aufklärung 2.0. Gehirnforschung als Selbsterkenntnis.** Wissen & Leben. Schattauer, Stuttgart 2009.

Spitzer, M.: **Digitale Demenz: Wie wir unsere Kinder um den Verstand bringen.** Droemer, München 2012.

Sternberg, R.J.: **Erfolgsintelligenz.** Warum wir mehr brauchen als EQ und IQ. Lichtenberg, München 1999.

Thorbrietz, P.: **Konzentration.** Wie Eltern ihr Kind unterstützen können. dtv, München 2012.

### DVD
Hüther, G.: **Was Kinder brauchen.** Neue Erkenntnisse aus der Hirnforschung. Auditorium-Netzwerk, Müllheim (Baden) 2006.

## Weiterführende Links

www.elternwissen.com

www.kas.de/upload/dokumente/2008/02/080227_henry.pdf

www.lernen-und-foerdern.com

http://www.lernwelt.at

www.mpib-berlin.mpg.de/de/presse/2013/05/erfahrungen-lassen-hirnzellen-spriessen

www.t-online.de/eltern/erziehung/id_59917854/verbloedung-durch-digitale-medien-manfred-spitzer-im-interview.html

www.zeit.de/2006/29/Noten-29

www.zeitblueten.com/der-blick-zurueck-mit-fuenf-fingern

## Stichwortverzeichnis

**Bibliografische Information der Deutschen Nationalbibliothek**
Die Deutsche Nationalbibliothek verzeichnet diese Publikation in der Deutschen Nationalbibliografie; detaillierte bibliografische Daten sind im Internet über http://dnb.d-nb.de abrufbar.

Programmplanung: Simone Claß
Redaktion: Ursula Brunnsteiner

Umschlaggestaltung und Layout:
CYCLUS Visuelle Kommunikation, Stuttgart

Bildnachweis:
Umschlaggestaltung: CYCLUS Visuelle Kommunikation, Stuttgart
Umschlagillustration: Dorothea Huber, Berlin
Zeichnungen: Dorothea Huber, Berlin

1. Auflage

© 2015 TRIAS Verlag in MVS Medizinverlage Stuttgart GmbH & Co. KG
Oswald-Hesse-Straße 50, 70469 Stuttgart

Printed in Germany

Satz und Repro: Fotosatz Buck, Kumhausen
Gesetzt in: Adobe InDesign CS6
Druck: Grafisches Centrum Cuno, Calbe

Gedruckt auf chlorfrei gebleichtem Papier

ISBN 978-3-8304-8191-1

Auch erhältlich als E-Book:
eISBN (PDF)   978-3-8304-8192-8
eISBN (ePub)  978-3-8304-8193-5

1 2 3 4 5 6

**Besuchen Sie uns auf facebook!**
**www.facebook.com/**
**mama.mag.trias**

# Liebe Leserin, lieber Leser,

hat Ihnen dieses Buch weitergeholfen? Für Anregungen, Kritik, aber auch für Lob sind wir offen. So können wir in Zukunft noch besser auf Ihre Wünsche eingehen. Schreiben Sie uns, denn Ihre Meinung zählt!

Ihr TRIAS Verlag

E-Mail-Leserservice
kundenservice@trias-verlag.de

Lektorat TRIAS Verlag
Postfach 30 05 04
70445 Stuttgart
Fax: 0711 89 31-748

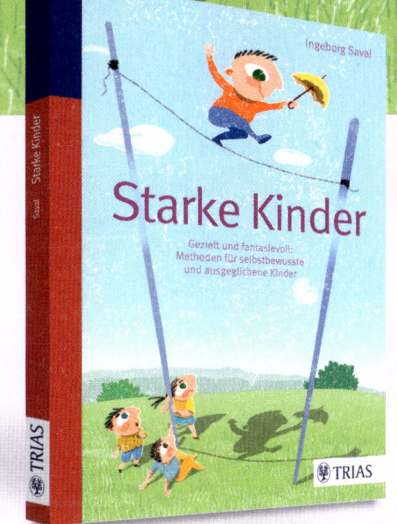

Volker Mehl
**Meine Ayurveda-Familienküche**
€ 19,99 [D]
ISBN 978-3-8304-6905-5

Edith Gätjen
**Essensspaß für kleine Kinder**
€ 17,99 [D]
ISBN 978-3-8304-6055-8

Anne Iburg
**Die besten Rezepte für Ihr Kleinkind**
€ 17,99 [D]
ISBN 9783-8304-8250-5